U0589110

我的青春我的梦

全国中学生校园美文精品集萃丛书

当时只道是寻常

如果灰姑娘没有玻璃鞋

《中学生博览》杂志社 选编

时代文艺出版社

图书在版编目（CIP）数据

如果灰姑娘没有玻璃鞋 /《中学生博览》杂志社选编. —长春：时代文艺出版社，
2018.8（2023.6重印）
（"我的青春我的梦"全国中学生校园美文精品集萃丛书）

ISBN 978-7-5387-5689-0

Ⅰ.①如… Ⅱ.①中… Ⅲ.①作文－中学－选集 Ⅳ.①H194.5

中国版本图书馆CIP数据核字（2018）第000151号

出　品　人　陈　琛
产品总监　郭力家
责任编辑　徐　薇
装帧设计　李　斌
排版制作　隋淑凤

本书著作权、版式和装帧设计受国际版权公约和中华人民共和国著作权法保护

本书所有文字、图片和示意图等专有使用权为时代文艺出版社所有

未事先获得时代文艺出版社许可

本书的任何部分不得以图表、电子、影印、缩拍、录音和其他任何手段

进行复制和转载，违者必究

如果灰姑娘没有玻璃鞋

《中学生博览》杂志社　选编

出版发行 / 时代文艺出版社

地址 / 长春市福祉大路5788号　龙腾国际大厦A座15层　邮编 / 130118

总编办 / 0431-81629751　发行部 / 0431-81629758

官方微博 / weibo.com / tlapress

印刷 / 北京一鑫印务有限责任公司

开本 / 700mm×980mm　1 / 16　字数 / 153千字　印张 / 11

版次 / 2018年8月第1版　印次 / 2023年6月第5次印刷　定价 / 34.80元

图书如有印装错误　请寄回印厂调换

编　委　会

编委会主任：刘翠玲　夏野虹　高　亮

编　　　委：宁　波　孟广丽　张春艳

　　　　　　李鹏修　苗嘉琳　姜　晶

　　　　　　王　鑫　李冬娟　王守辉

目 录

从此南方无故人

在最近的距离遥望你

十三星座

气氛有点儿尴尬，马鸣不知道说什么好，他似乎应该掉头就走，可是不能就这样不明不白地走了。只见他往前走了一步，弯下腰，拿起桌上的笔，开始填写星座社的报名表，这一举动着实把余颂吓了一跳。

一切都显得那么莫名其妙。

十三星座

亚小诗

1

不知你周围有没有这样的人，他们患了一种名叫"星座强迫症"的怪病。一听到生日就会立马将性格对号入座，拒绝别人的理由仅仅是星座不合，就连吐槽，也不是"她怎么这样？"而是"她们处女座的人怎么都这样？"余颂就得了这种病，还病得不轻。

余颂，爱幻想的双鱼座大三女生，主修自动化，一个听起来很厉害，但连她自己都不清楚毕业了究竟干啥的专业。大二时自发成立了星座社团，至今一直担任社长，虽然相貌平平，但像许多理科女生一样，有着得天独厚的恋爱条件，据说，她已经把十二星座的男生都谈了个遍，这一标签，褒贬不一，但足够让她成为校园里的风云人物。

新一届的"百团大战"开始了，所谓百团大战，就是每年新生入学后，全校近百个社团在操场搭棚子招纳新社员的活动，为期两天。各社团使出浑身解数，一为壮大社团扬眉吐气，二为收够报名费花天酒地，三，也是最重要的一点，为社团里的大龄单身男青年解决终身大事，"学妹免报名费""报社团送学长"等标语随处可见。

社团总咨询处旁的广告牌上，列有所有社团的名称和介绍，有个男生像一座雕塑般站了许久，以至于咨询处的志愿者学姐，忍不住主动对他说："同学，有什么可以帮助你的吗？"

"哦……没什么……我就是看一看。"男生支支吾吾地回答，没转身看学姐一眼。

"你看了这么久，有什么很感兴趣的社团吗？"学姐面带微笑，努力让自己显得更热情。

男生没有回答，依旧像雕塑一样盯着广告牌看，这让从摊位倾出半个身子的学姐有些尴尬，暗想着这熊孩子不知好歹，不理也罢。

此时，男生居然主动开口了："有没有……教人恋爱的社团啊？"

此言一出，着实让咨询处的几个志愿者都忍不住笑出了声，然后七嘴八舌地回答开来。

"好像没有欸，其实你可以自己创建一个啊，你看那边，那边的星座社就是我同学余颂创建的。"那位略有不爽的学姐不计前嫌地笑脸相迎。

"让这学弟去报星座社吧，人家半仙姐可是恋爱经验丰富啊，把十二星座的男生都谈遍了呢。"

"对啊对啊，跟着人家社长好好混，没准儿明年你就能自办恋爱社了。"

"哈哈……"

志愿者们说了一堆，男生一头雾水地道了声谢，然后居然真的径直朝篮球场转角的星座社走去。

2

这愣头愣脑的家伙叫马鸣，不算矮，不算穷，也不算丑，但至今没谈过一次恋爱，高中时潜心当"学术帝"，高考完的暑假暗暗发誓，到大学一定要释放天性好好谈场恋爱。可恋爱又不是鱼尾纹，哪是想弹就能弹的。

星座社虽然咨询和报名的人不多，但路过的人，多会停下来拍几张照再走。曼珠帘一半放下，一半收起，"星座社"三个由镂空的小灯泡连成的大字，像演唱会的粉丝牌一样闪着光，闪得非常没规律，不知是故意为之还是电压不稳。桌上盖着一块异域风的棉麻桌布，最抢眼的是桌上的水晶球，比足球小不了多少，立在一个精致的铜色底座上，若盯着球心看，似乎还真能看到一些虚无缥缈的有的没的。余颂一个人坐在桌边发呆，像等人算命的巫婆。副社长，也就是余颂的室友，早以"拍照人多，略丢脸"为由走开了，余颂一人撑台，摆出一副信我者来的架势，周边没有任何广告和海报，气场依旧很足。

马鸣站在星座社桌前，看着眼前这个其貌不扬的发呆少女，难以相信这就是传说中把十二个星座都谈了个遍的风云学姐。确实对星座毫无兴趣，甚至都记不清自己是什么星座的他，真的要投在这个巫婆门下，以星座之名学习谈恋爱吗？鉴于不知如何开口，马鸣便也望着水晶球发起了呆。

就这样，时间凝固了十来分钟，余颂终于开口说话了："同学，别这样盯着我的水晶球看，会被你看坏的。"

"哦，对不起，我轻点儿看。"马鸣弱弱地回答。

余颂扑哧一声笑出声来，居然有比自己还天然呆的人，"你也对星座感兴趣吗？报名参加我们星座社吧！"

"不，我不信星座，只是那边的学姐指引我来你这边看看。"

"来我这边看看？当我演马戏呢。你为什么不信星座？你肯定是金牛座的，你们金牛座的人总是对星座爱信不信。"余颂又摆出那副我能把你看穿的表情，不过马鸣的视线没在她那儿。

"我不知道自己什么星座的，别人告诉了我几次，我总记不住，大约是跟数学符号欧米伽（Ω）有关的形似物体，反正不是金牛座。"

"欧米伽？居然有人把天秤的星座图形当成欧米伽，你们工科男真是不可理喻，你一点儿也不像平易近人的天秤座，你很可能不是你爸妈亲生的，他们连你生日都记错了。"

"不要迷信星座，这是前人乱编的。全世界有七十多亿人，平均到每个星座有六亿人，怎么可能每六亿人都有类似的性格。"马鸣自顾自地说着，依然没看余颂。

"你在我的水晶球面前站这么久就是为了说这些？你是来砸场子的吧？还有，你不知道跟别人说话不看着别人会很没有礼貌吗？"

气氛有点儿尴尬，马鸣不知道说什么好，他似乎应该掉头就走，可是不能就这样不明不白地走了。只见他往前走了一步，弯下腰，拿起桌上的笔，开始填写星座社的报名表，这一举动着实把余颂吓了一跳。

一切都显得那么莫名其妙。

3

报名表有一栏要填写学号，由于是刚入学的大一新生，马鸣还背不出自己的学号，他从口袋里掏出挂在钥匙串上的校园卡，照着卡开始填写。

余颂看着卡上的名字，居然像打了胜仗一样笑了起来："马鸣鸣？你的名字好搞笑啊！哈哈……"

弯着腰的马鸣脸一下子红到了耳根，自打上高中以后，自己的名字就一直是同学的笑柄，他想不通老爸给自己取名字的时候，怀的什么心，这种ABB型的名字是有时效性的，在年纪小一些的时候叫，听起来还蛮可爱顺口，可是年龄稍大一些，就不堪入耳，尤其是男生，那简直是硬汉气息全无。试想一下，如果孙红雷叫孙雷雷，胡军叫胡军军，那演艺道路真的会一片黑暗。早提出要改名字，家里却觉得没啥影响，不愿意改。没办法，马鸣发誓到了大学，到了一个没有人认识自己的新环境，要给自己脱去一个字，谁知，还没脱就被人揭穿了。

"马鸣鸣，欢迎你加入我们星座社！"余颂喜欢跟有意思、有故事的人打交道，对着正在填报名表的马鸣，笑得格外灿烂又不怀好意。

"是马鸣。"刚填好表的马鸣，撅着屁股抬起头，姿势有些搞笑地看着余颂，然后把表放在填好的一摞中，转身便离开了。

嘿，这人真是，神经兮兮的。余颂拿起马鸣的报名表，详细打量起来：这人怎么这么老，小我两届还比我大几个月，小学一年级读了三次的智商还敢跟我叫板。看到"报名原因"的一栏，余颂呆了，想学谈恋爱？！天，这是对我大星座社的侮辱，我不可能去教一个与我为敌的不相信星座的人追妹子，门都没有！

等等，好像还有一件重要的事情没有做，是什么呢？啊……这熊孩子没交报名费就走了！

4

今年是星座社成立的第二个年头，没了第一年各种凑热闹的大好形势，今年迎新局势一片惨烈。摆摊两天，报名者一共才二十人，除了马鸣鸣，其余十九人均是女生，十九人中有十一个是自己的直系学妹，路过摊位时迫于情面才报的名。看着盒子里的三百八十块报名费，余颂真是欲哭无泪，这个战绩，大概连最冷门的数学社都比不过，这让"余半仙"以后怎么在仙界混。

晚上，余颂回去给新社员们群发了短信，告知第一次社团活动的时间定在本周六晚，地点是某个小教室，希望大家能准时到场，另单独给马鸣加了一句"马鸣鸣同学，你忘了交报名费，二十元，请在社团活动时一并带过来。"

这种群发短信，并不需要回复，你回复"收到"，别人也不知道你是谁，但马鸣很礼貌地回复了一条"收到，谢谢学姐，马鸣。"不知是真出于礼貌，还是为了强调自己的名字。

余颂看完马鸣的短信便去洗澡了，洗完澡回来，居然发现手机收到了十几条短信，这种情况真是不多见，自己过生日也没这架势。点开一看，几乎都是新社员们发来的短信，内容相似，大致是"周六晚上女生社也有活动，希望能将星座社团活动调到其他时间。"虽然女生社年年都很火，但余颂觉得事情还是有些蹊跷，为什么当时没一个女生给自己发短信，而洗完澡能收到这么多，难道是……

她立马给女生社的社长，也就是自己班上的团支书打去了电话，"你们的活动通知是什么时间发的？几点？""我看看，八点二十分，有事吗？""好吧，没事。"

挂断电话，余颂很不爽，果不其然，女生社的群发通知比自己这边要晚，姑娘们居然一致选择了女生社，有什么了不起，不就是教人化个妆、穿个衣服嘛，这些姑娘怎么都这么肤浅，不来拉倒。

依余颂的脾气，她大概会再群发一条短信，告诉社员们时间不变，请自行选择。但是，在打算编辑短信的时候，她又有一丝丝后悔，"不会那天就马鸣鸣一个人来吧，那太惨了。"于是，她忍气吞声地向封建势力屈服了，把时间挪到了星期天晚上。这条短信，只有一个人回，是马鸣，"周日有数学社活动，已经答应社长会去了，不能毁约，对不起，来不了。朝令夕改，是不是有些不妥呢？"

余颂很烦，谁也不想理，然后关机睡了。

5

周日的星座社活动，到场人数只有十来个人，余颂强颜欢笑，做了自我介绍，并让大家一一上台介绍自己，说说自己对星座的认识。女生们都很羞涩，羞涩中夹杂着议论，余颂仔细看了看，底下坐着的，几乎都是自己本专业的学妹，算了，不介绍也罢，怕她们直接说出给学姐面子之类的话，那太伤自尊了。然后，余颂对着自己制作精美的PPT课件，耐心地给学妹们普及星座知识，分析星座性格。

学妹们十分不活跃，玩手机的，写作业的，余颂站在讲台上，终于明白了大学老师的苦，发誓以后坚决不当大学老师，太没成就感了，讲得再好也没多少人听。不过，出于礼貌，没有人中途离场，余颂颇感庆幸。本来还想带上水晶球，跟学妹们讲讲水晶球冥想，但看这架势，也没有必要了，不想浪费情感，便早早结束了。

晚上，余颂接到马鸣的短信："社长，因为你的原因让我错过了星座社活动，你应该给我补课。"

马鸣略带指责性的言论并没有激怒余颂，反倒是他的求学精神让余颂稍稍感动，总算有人对星座感兴趣了，愿意主动学，算是一点儿安慰吧。余颂开始回信息："好的，时间、地点你定吧。"

"可以网络教学吗？我不太善于在生活中交流。我的QQ号是……"

QQ聊天怎么就成网络教学了？余颂为自己的星座事业已经发展到互联网平台而哭笑不得。

6

两人聊上了，余颂不像平日里苦大仇深，马鸣也不像平日里腼腆拘谨。

"看了你资料，居然比我还小，叫学姐好别扭，我以后叫你名字好了。"

"不好，我名字不好听，倒过来念像个鱼摊伙计，比你的还难听。你怎么年纪这么大才上大一？"

"那叫你小鱼吧，我们北方的学生普遍比你们南方晚读书一年，还有，我是复读生。我的同学都跟我差不多，没谈过恋爱。你知道理科男生的苦衷吗？班上男女分开坐，恋爱的契机都没有，而这些就是一个恶性循环，没姑娘的人会一直没姑娘。我们见到女生话都不会说，也不知道眼睛该往哪里看。"

从学姐一下变成小鱼，感觉自己辈分瞬间小了，不过，余颂倒也不在意，没有女生不喜欢看上去很年轻的感觉，她摆出默认称呼的姿态："发现了，我以前也是这样。不过我发明了一个好方法，我教你，你就盯着别人两眼正中间往下的鼻梁骨，这样避免了直视的尴尬，又不会显得没有礼貌。"

马鸣那边隔了好一会儿才回复："真的欸，我刚找了俩室友练习，这方法真好。"

……

两人聊了好一会儿，余颂突然想起了什么。

"对了，你说补课的，想怎么补？"

"我对星座没兴趣，你教我怎么谈恋爱吧，我知道你在这方面很有经验的。"

"你怎么可以对着星座社社长直接说对星座没兴趣？还有，很有经验？你这是在夸我吗？很多事情没法教的，你去追几个姑娘试试，成功失败无所谓，过程最珍贵。"

"你能讲点儿你的恋爱故事给我听吗？"马鸣没有放弃。

"嗬，我的恋爱故事太多了，一天讲一个得讲个把月呢，你听不下去的。"

"听得下去，我很想听，可以讲点儿吗？就一天讲一个吧。"

"明天吧，今天很晚了，早点儿休息，晚安。"

"好，晚安。"

7

余颂也不知道为什么跟一个陌生的学弟讲这么多，还答应翻出陈年旧事讲给他听，也许，是自己闷了太多故事，没人可说，而他刚好愿意贡献出耳朵来满足自己的倾诉欲，这样也不错。

躺在床上，余颂盯着天花板发愣。自己今年大三了，明年就要去实习了，星座社正在衰败，不能就这么昙花一现了啊，需要找一个有实力的接班人来接替自己的职务，可是找谁呢？马鸣看起来挺憨厚，或许是个可造之才，可惜他对星座全然没有兴趣。罢了，睡吧，明年的事，别坏了今年的心情。

第二天中午，余颂抱着一个木头盒子在校门口等公交车，每辆车人都很多，她一直没上车。

"你好小鱼，去哪里？好像你在这站了很久了。"马鸣也在等公车，看着一直不上车的余颂，有点儿替她着急。

余颂侧身看了看马鸣，虽然默许，但还是对这个称呼有些不习惯。马鸣脸上的表情的确比以前自然一些，没那么木讷，更让她欣慰的是，他真的有很听话地看着对方鼻梁说话，这让余颂很有为人师表的成就感。

"去还一样东西，人太多了，怕把东西碰碎了。"

"这盒子里，是社团迎新那天，桌上那个水晶球吗？我还以为是你自己的呢。"

余颂并不想说太多，她不会告诉学弟，这个水晶球是自己押了身份证以及所有的人品才从一家文艺小店借到手的宝贝，为的只是让星座社看起来很厉害。"朋友的，在我这儿放放。"公车上的人依旧很多，余颂不想再尴尬地等下去，她挥手拦下一辆出租车，扬长而去，剩下马鸣一个人和一串问号。

水晶球真的是发呆神器，余颂有时可以点上一杯饮料，坐在小店里发一个下午的呆，不会无聊，也不会睡着。她也有想过自己买一个水晶球放在家里，可是，似乎没有必要，像"书非借不能读也"一样吧，水晶球，也是非借不能发呆也。

下车后，上小店的台阶，余颂格外小心，她也不知道这个水晶球值多少钱，只是从老板娘不舍得借的程度判断，它应该价值不菲，或者说，它应该承载有不菲的记忆。

小心翼翼地归还了水晶球，余颂跟老板娘以及水晶球道了声再见。今天太阳很大，不适合发呆，雨天再来。

8

"小鱼，可以给我讲你的故事了吗？说好的一天一个，今天讲第一个吧。"

"我讲的时候，你不能打断我，讲完后，你不能问我问题，同意就讲。"

"好，成交。"

"我的初恋，是一家奶茶店老板，胖乎乎的天蝎座大叔。那时我才上初中，他年龄很大，几乎是我的两倍。管他叫老板，也许有些牵强，因为他的店很小，店里就他一个人，不过，鉴于我很想别人叫我老板娘，所以我必须管他叫老板。店就开在我家附近，一开业我就去了，那天我点了杯看名字就很补的桂圆红枣茶，感觉味道不错，就连着喝了几天，每天放学回家都去喝一杯，我也懒得叫那么复杂的名字，直接去了就说给我一杯大补茶，他说怎么不换点儿别的试试，我说过了这几天再试，他便也好似懂了，憨憨地笑了笑。那一笑，让我决定我要爱上他，我从没见过一个成年人能笑得那么干净，干净得像水晶球的球心一样。

"他家奶茶味道真的不错，食材也新鲜，不知道为什么就是生意好不起来。每天晚上我下晚自习回家前要做的事，就是去奶茶店找他，跟他一起把隔天就会变味的食物吃掉。那阵子我胖了一圈，不过胖得很欢乐也很情愿。他跟我分享美食，他送走我才打烊，他为我做的一切，都是男朋友才会对女朋友做的事情，但他从来没对我说过什么，也许是嫌弃我太小。

"后来，店就莫名其妙地关门了，换了新的老板，卖起了新的食物。我没有他的联系方式，我甚至不知道他叫什么名字，我还来不及告诉他，我想做他的小女朋友，我就已经失恋。"

这就是余颂的初恋，一个有些悲伤的故事。

"恋爱不是相互的吗？你这样会不会有些臆想？这能算一段恋情吗？"马鸣穷追不舍地问了起来。

"我说过，别在我讲完故事后，向我提问题，尤其是别向我连续提三个问题。"

"噢，我忘了，对不起。"

"睡吧，晚安。"

"明晚还有故事可以听吗？"……"人呢？"……"晚安。"

9

"我的第二个男朋友，是在火车上认识的。我坐过太多火车，已经记不清那趟车开向哪里，只记得，那次我买的坐票，车厢里人不多，我那一排位子就我一个人。我迷迷糊糊睡了一觉，醒来的时候才晚上十点多，我旁边的位子突然多了一个人，那人比我大不了多少，一副小卖铺老板娘家乖儿子的模样。见我醒了，他便坐到别的位子上去了。

"这让我感觉莫名其妙，我追过去，坐在他旁边的座位上问为什么。他说，看到我的手机放在口袋边缘，露出一半，很容易被人偷走的样子，他反正睡不着，在我旁边坐着，帮我看守着，免得别人偷我东西。我感动得要流泪，这是陌生人为我做过的最感人的事了。我道谢后便跟他聊起天来，不知不觉，枯燥的车程第一次过得如此快，我们从不同的城市上车，又在不同的城市下车，两个毫不相干的人，却有着奇妙的一段重叠。他下车前，我们互留了手机号码，后来保持着联系。他像所有白羊座的人一样想什么就去做什么，我爱死了这一点。那时候我们都没有钱，他站票来看我，火车晚点，手机没电，我去车站接他，在寒风中冷成一块冻豆腐，他出站时，我仍能在拥挤的人群中一眼认出他。你知道吗，当你喜欢一个人的时候，他是会闪闪发光的。

"后来，矛盾渐渐凸显，我上学，他打工，两人的生活总归是越来越远。他怕配不上我，我怕等不到他，然后，就这样人分隔两地，心

012

散落天涯。”

……

"我的第七个男朋友，你或许早已见过，是数学社的社长，我第一年办星座社的时候，一个人搭台，一个人搬桌子，他撂下自己那边的事情，过来帮我，整个摊位，我自己几乎没费什么力气。因为是新创的社团，很多形式方面的事情，我都不懂，我问他，他都耐心地告诉我，帮了我不少忙，甚至有些看似不可理喻的帮忙盖章帮忙跑腿的苦力活，他都答应，勤勤恳恳，像所有金牛座一样，感觉很踏实。

"后来，我们在一起了，作为两大社团的社长，我们的结合甚至还引起不小的轰动呢。不过，相处久了才发现，他不懂得拒绝，谁找他帮忙，帮什么忙，他都答应，不考虑后果和是否值得。我甚至怀疑，如果当初需要帮忙搭台的那个人不是我，他后来依然可以跟任何一个社团的女社长成为男女朋友。我也才知道，他并不是金牛座，他明明是轻易就对人产生好感的狮子座，这让我很反感。再后来，老有人在我这边说他的坏话，坏话都不会是空穴来风，他的确跟很多人有暧昧关系，我不能接受这种背叛，他也接受不了我的疑神疑鬼，然后，我们和平分手了。但我们并没有因分手成为仇人，今年我的摊位搭台，来帮忙的还是他。”

……

"我的第十二个男朋友，字写得很好看，他是整个图书馆里唯一用钢笔写字的人，他的字不算苍劲有力，但很秀气，我是绝对写不出来的。他的墨水瓶放在桌上，瓶下永远小心翼翼地垫上一张纸巾。我想他一定是关心细节的处女座。

"图书馆的自习座位，桌子都是对着的，自从坐了一次他的对面，我就无法将注意力从他的指尖挪开。我开始每天去图书馆，每天盼望坐在他附近，我看着他从书上摘抄笔记，我为了他去看每本他摘抄过的书，为了他练字，甚至为了他买了个很精致的小本子，抄上文艺的小句子。我在小本子的扉页上写下我的名字和班级，然后故意不小心将本

013

十三星座

子遗落在离他最近的座位上，不出意料地让他主动联系上我送还本子，我再故意惊讶和激动，一切的一切，故事情节的发展就像我编写的剧本一样顺利。

"后来，我们相爱了，成了唯一一对每天去图书馆的恋人。只是，他的性格并不如字般秀气，我因为他的字爱上了他的人，然后先入为主地认为他就应该细致体贴，后来发现他不是。大概他也发现了我不是他以为的那个文艺小女生，我们便默契地互相疏远了。我很少再去图书馆，即便去，再也偶遇不了他。"

10

"我已经连续给你讲了十二天故事了，我累了，以后不讲了吧。现在你可以向我提问了，你会觉得我很滥情吗？"

"没有。"马鸣顿了顿，"其实，你只是比别人幸运，你拥有更多对的时间，遇见了更多对的人，并愿意接受这些对的事实。你像收集邮票一样收集男朋友，每段恋情，都能倾尽所有，我很羡慕你。"头一回，马鸣的话深深说到了余颂心里，仿佛，跟之前不是同一个人。

大概，连续当了十二天余颂的树洞之后，马鸣对于爱情，也有了自己的独到见解，抑或说，是这些故事激起了他原本就拥有的理解爱的能力。

"我虽然没有谈过一次恋爱，但其实，也遇见过心仪的姑娘，碍于羞涩，碍于学业，碍于各种外界束缚，我觉得不必急于表达，总想有缘分的人势必会再次相遇。终究是自己太过迷信，散落天涯后便再无音讯，离别总比相聚简单得多，不是吗？"

"嗯，所以，遇见心仪的人，千万别把情感藏着掖着。"

马鸣那边沉默了一会儿，"小鱼，明天好像会下雨，我能约你去街角的咖啡屋发呆吗？"

"给我个必须答应的理由。"

"我……我的报名费还没给。"

"呵呵，我带你去另一家，那家有水晶球。"

人海中的十二星座，不管你信与不信，依然有第十三个星座等着你去遇见，去相信，去爱。

三　味　镜

原味觉醒

致我们终将逝去的青春

我曾经一度觉得自己是很理智的，直到我遇到了左溢，他像小说里的少年，爱穿着白衬衫和洗得发白的牛仔裤。

微风荡漾的下午，我发誓我是真的饿了，当我看到那个冰激凌的时候，我不争气地流了口水。我听见有人在笑，喉咙微微嘶哑的声音，一抬头，映入眼帘的，是一双有着褐色瞳仁的眼睛。

他半开玩笑，"同学，对不起，这我已经吃了，不然就给你了。"

我摆摆手，"没事儿，我吃。"天知道，我想说的是，"没事儿，你吃。"

那双眼睛慢慢从惊讶变成了浓浓的笑意，满满的。

我知道丘比特之箭一定射中了我，所以我不满足和左溢只是朋友。

我抱了一大盒巧克力等他，他从教室走出来，看见我一脸疑问，"嘉禾，有人给你表白了吗？"

我摇摇头，露出标准的八颗牙齿微笑，"左溢，我喜欢你。"

我记得电影《致我们终将逝去的青春》里，郑微告白陈孝正的那段情节，本来很儒雅的陈孝正，面对郑微突如其来的表白，那一刻竟有点儿像个二傻子，颤巍巍地伸出手指骂郑微，"你神经病啊。"

陈孝正是吓到了吧，如此男神遇到像郑微一样的无赖女流氓，他一向中规中矩，脱离了正常轨道，他才会不安，又或许他是喜欢她的，太紧张才语无伦次。

我想，如果左溢骂我神经病，我一定很高兴。但他只是摸摸我的头，"嘉禾，我不喜欢你开玩笑哦。"

我刚想把巧克力塞给他，教室里的人群哗啦啦地涌了出来。

"嘉禾，快去操场集合做操了。"左溢的声音消失在黑白相间的校服里，我努力地寻找左溢的身影，可我找不到，每个人都那么像他。

梦想照进现实，是奇幻还是残酷

星期一有音乐课，讲课的是一个刚大学毕业的李老师，清秀可人。

刚开始，大家还挺有耐心地跟着她咿咿呀呀，临近期末，大家嘴里时常会蹦出 π、α、β 等希腊字母，也不显得突兀。

李老师找到我，"嘉禾，想唱歌吗？"

我听到自己的声音，"不想。"

李老师似乎有些失望，她转身离开后，我还能听到她念叨，"明明唱得挺好的呀。"

接下来的几天，我刻意躲着左溢，我脸皮很薄的，他确确实实是拒绝了我的，"唉。"我叹了口气。

"啪！"一个小纸条砸中了我，是左溢。

"亲爱的嘉禾小姐，我们好像四天都没有见面了哦。"

他穿着一身宽大的黑色T恤，眼睑下卧蚕厚厚的，一副没睡醒的样子。

后来，我才知道那几天没有遇到他，是因为他去了市里，参加甄选。

左溢经常旷课，一方面我很为他高兴，另一方面又为他担心。

他的成绩已经跌到一百名以外了，作为曾经的特优生，这是致命的。

他给我发短信，"嘉禾，我海选通过了，现在要准备初赛了。"

我给他回了个"加油"，我看着面前厚厚的书本，梦想能否照进现实呢。

左溢有了女朋友，开始，我是不信的，直到我亲眼看见他们并肩走在学校的林荫道上。

听说，她叫西米，一个会弹吉他的女孩儿。

听说，是左溢追的她。

李老师还在游说我去参加艺术节的歌唱表演。我不自觉地走进了音乐教室，那里有人在弹奏，泉水叮咚，有种生生不息的感觉。

我看到了她，她也看到了我。

她对我笑，就像当年她对木修笑一样，甜甜的。

左溢参加街舞大赛的视频被大家疯传，他专攻Popping，退去云淡风轻，身体和肌肉之间爆发出巨大张力。

左溢是坐着一辆黑色轿车进的学校，他和一对夫妇走进了校长办公室。我趴在窗户边偷看，左溢一声不响地站着，我还想靠近一点儿，门被猛地打开，他们说，"听话，这样会耽误你的前途。"

他说，"我不。"随后奔跑着消失在了澄净的日光里。

我跑到了综合楼，一个阶梯一个阶梯地找，当我拐到第四楼的时候，踩到了几块细小的玻璃碴。我望过去，第一节台阶上，一块玻璃正缓缓地滴着红色液体。我又走一步，暗影里有一只手，再上去，我看到了左溢。

他像一只破败的燕尾蝶，了无生气。

邂逅，关于某人某事

我叫左溢，他叫木修，我们是一对好朋友，哈哈。DV镜头里出现两个男生，阳光洒下金色的脉络，一点点照耀了那些年少时光，弥足美好。

木修大我三届，他A中，我C中。

邂逅他，纯属偶然，那天我偷拿了家里二百块钱，晃晃悠悠地来到商业街，盘算着找个网吧，把装备买齐，大战N个回合。

是的，我不是个好学生，准确地说，我是个坏学生。

当我脚步停留的时候，我才发现我正站在一个男生面前，他肩上挎着一把木吉他，露出大海般的笑容，我白他一眼，我知道我很帅。

他拦住我，"听我弹一首歌吧。"

我驻足观看，他弹了一首《白桦林》，指尖轻畅地撩拨，我仿佛正坐在白桦树下，摩挲着那片刚离开母体的白桦叶，我笑笑，"哟，还不错哦。"

当我被网管赶出来的时候，我才明白为什么他要为我弹奏，我只是拿东西的时候，不小心把那二百块掉进了他的吉他盒里，他就是个卖艺的。

我出去找他，他没走，跷着二郎腿看着我。

他递给我一张被揉皱的纸——我的成绩单，"小子，成绩烂得可以！"

木修带我去他的练习室，是老城区的一间废屋，隔着好远，我都能听见敲得鸡飞狗跳的节奏。木修足够冷静的脸上终于露出一丝愁容，废屋的门咯吱一声开了，杂乱的声音也停了，里面走出几个和我年龄一般的人，他们笑着，是那种很安心的笑。

他们和木修打过招呼，径直奔向前方，一个女生回过了头，她眼睛很大，亮得惊人。

我觉得，那就是喜欢

客厅灯是灭的，我蹑手蹑脚地走进去。

"你还知道回家？"被月光照得素净的沙发上，坐着一个女人。

我发誓，我真没被吓到。这样的场景几乎隔几天就来一次。

"晚自习过后，我又学了一会儿。"

"学？能学到十二点。"

我不作声了，我知道自己的谎言很蹩脚，我却乐意装成一个好学生的样子，我知道她从来都是不信的。

"妈，我累了，我去睡觉。"我躺在床上，听着门外噼噼啪啪的敲门声，其实，挺好听的，很有节奏和力度。

木修请我们吃火锅，同桌的都是和我一起跳街舞的男生，我吹吹口哨，"咦，那几个女生呢？"谁说只有女生八卦，这不，这大帮男生猛起哄，胖子抛媚眼，"左溢，看上谁了？"

我想起了一首诗，戴望舒的《雨巷》，"她是有丁香一样的颜色、丁香一样的芬芳……"

我打了个寒战，我觉得，那就是喜欢。

我没有继续和木修在一起，也可以说，是远离了他们。和他们在一起，欢笑很多，但是往往突兀了我的悲伤，因为他们有梦想，木修想出张原创专辑，想跟胖子他们成立组合去参加街舞大赛，这些梦想且近且远。

可我不知道，我想要的是什么。

我没有和嘉禾打过照面，她总是挑着放假的时间来，而我们总是在不放假的时间相聚。

西米说："嘉禾是一个很谨慎的女孩儿，就算是梦想，她也会找根线把它和现实连一块儿。"

西米跳下木桩，风倔强地吹着她高高束起的马尾，有那么一点儿潇洒，她说："我希望能成为一名吉他手，站在他身后。"

木 修 和 我

有些种子，藏着藏着，就发了芽。

比如：西米喜欢木修。

我喜欢她。

木修高三，我初三，Ａ中和Ｃ中隔了四条大街，不算远也不会太近。

西米会在一家奶茶店等我，奶茶店的人总是很少，因为这个时间段，学生大多在上课，而我和西米是翘课，西米神气地说："真酷，我们翘课嘞。"

我痞笑，能把青春过得如此恣意的女生，也就是西米了吧。

这次是西米要我帮木修选礼物，木修生日，她偶然看见我钱包里的照片，斑驳模糊，但她一口咬定里面嬉笑的少年就是我和木修。

我说："我和木修很铁。"

木修给我发短信，他说他租了一间房，从家里搬了出来。我问："你不上学了？"

我以为他会笑着骂我，"你脑袋被驴踢了吧，我这成绩好歹考个一本。"

我只听见他说："或许吧。"

妈妈准备了一桌好菜，我和爸爸有点儿受宠若惊，爸爸像神农尝百草一样，豁出去了，吃了几口，对我眨眼，"儿嘞，能吃。"

我嚼了大口饭，"你煮这么多，能吃完吗？"

妈妈听完放下筷子，往窗外看了几眼，嘟囔着，"这孩子，也不回家吃饭。"

"哥就算做了错事，你也不会骂他的。"

妈妈坐回桌，"你哥他做什么都是有分寸的，你看看你，哪点比得上你哥，嘴皮子？"

爸爸忙着打圆场，"怪我怪我，左溢这些毛病最像我。"

我觉着没趣，下了桌，回到卧室，翻开课本，却一个字都看不下去。

我跑到哥哥的房间，翻开他的书本，里面夹着几张成绩单，分数高得让人咋舌，考生姓名，尹木修。

相识或是陌生，我们都有一段曾经

"嘉禾，你跑慢点儿。"阳光下那个穿着棉质长裙做鬼脸的女孩儿，叫嘉禾，很可爱吧。

"西米，换你了。"嘉禾抢过我的DV，调好焦距。

画面里那个齐耳碎发的女生，假装咳了一下，"大家好，我叫西米。我呢，我喜欢阳光、大地、嘉禾还有吉他。反正，我是博爱啦，哈哈……"

我按下电源键，屏幕黑了，一切回到最初。

我喜欢吉他，我家不远处有一个广场，早些年流行广场舞，大叔大妈跳得好不痛快。时代中，总有流行时尚碰撞大众古典。我见过一个街头艺人，他戴着黑框眼镜，其貌不扬。广场舞的热度渐渐褪去，昏黄的路灯下，吉他箱体透出奇妙的声音，大家不由得停下脚步，我就是那时起想要认识他，尹木修。

可当时我并不知道他是谁，也不敢去要联系方式，用嘉禾的说法就是，故作矜持。

嘉禾一度有当黑客的潜质，我一直这样觉得，我不知道她是怎样潜入互联网数据库把尹木修的电话搞到手的，我只知道木修看到我们的时候，眼里一闪而过的惊喜。

我很开心，毕竟我花了巨款去理发店，烫了个小梨花。

我抱着吉他，毕恭毕敬地拜师学艺。

屋子里以胖子为首的几个男生，笑得前仰后合，"我师父传男不传女哦。"

木修看看嘉禾，大意是问她能做什么，我狗腿地说："我家嘉禾，唱歌那叫一个棒啊，麦霸麦霸。"

木修俨然一个考官，"麦霸啊，遍地都是，你能唱出什么感觉？"

嘉禾退后一步，开始唱歌：

静静的村庄飘着白的雪 / 阴霾的天空下鸽子飞翔 / 白桦树刻着那两个名字……

我曾经问过嘉禾："为什么那么喜欢朴树？歌坛有那么多歌手。"

嘉禾回我："为什么不爱他呢。"也许是觉得这种回答太四次元，她补充道，"他的歌很美，淡淡的忧伤，微微嘶哑的声线，他只是在安静地讲故事，纷乱的世界浸染不了他。"

嘉禾唱完，大家还沉浸在歌曲营造的意境里，木修舒展笑容，点点头。

她像雨后的薄荷，清新美好

"什么，他就是你一砖头拍进医院的人？"

嘉禾面露尴尬，"对啊，当时我不知道他是问路的，你说那么宽的马路他不走，就一直跟着我，我想起你说的防身术，拿起一块砖头就……"

"不过，他看起来也不是那种瘦弱的人呀。"我好奇。

"好像是生病了吧，打了点滴，医生说发高烧，来C中好像是送谁礼物的。"

嘉禾不常来练习室，她想专心准备中考。我爆发了，"嘉禾学霸，就是因为有你的存在，才让我们的存在价值彻底崩盘。还有，上次我问你，数学怎么才能考到90分以上（100分制），你想了想告诉我，少写两个选择题就可以了。你知道吗，我当时真想把你扔出去。"

嘉禾趴在桌上笑得直不起腰，"西米，你刚才的样子好像梅超风。"

我想，每个人成长的记忆里，一定会有一个像嘉禾的女孩儿，像雨后的薄荷，清新美好。

木修带来一个少年，他叫左溢，我们从废屋里出来的时候，正好碰见他们，我走了几十米后，偷偷往回看了一眼，他和木修有点儿像。

木修会去跑商演，经销商看中他的青春张扬和那把弹得炉火纯青的吉他，他来废屋的次数少了很多，胖子他们还是一丝不敢怠慢。有一天我忽然发现胖子瘦了，心疼得我买了一只烧鸡犒劳他，他又胖回去了。

左溢，我们倒是不时见面，他也逃课。我以为他和木修一样，逃课成绩也能杠杠的，有一次看到他的成绩单，我只想说，同是天涯沦落人，相逢何必曾相识。

后来，我做了一件错事，伤了好多人。

我说过，我和嘉禾不是同一个世界的人

嘉禾收起软软的目光，神情高傲，用依旧清亮的声音说："西米，你就是贱，像你妈一样，你这样的人还期待有人喜欢吗？"

下一秒，她又自动变回那个与世无争的嘉禾，她惊恐地盯着推门而入的木修，我只是哭，她木讷地指着我，"不是这样的。"

我常说，我和嘉禾不是同一个世界的人。我们站在同一个起点，朝着反方向奔跑，地球是圆的，可岔路多了，相逢就变得遥遥无期。

我要左溢帮我一件事，木修生日那天，我想准备惊喜给他，左溢

只需到点把他带来就行。

我和嘉禾等得太烦了，我提议玩真心话大冒险，第一回合我输了，我选择真心话。

"西米，你有喜欢的人吗？"

"有。"

第二回合嘉禾输了，我问："嘉禾，你喜欢的人叫什么名字？"

嘉禾惊呆了，"还能这样问？"之后就陷入一阵沉默。

我打破尴尬，"那你选择大冒险好了。"我凑到她耳边耳语几句。

"西米，这样不好吧。"

"有什么不好，你就是太乖了，都没听你骂过脏话，大冒险你怕什么？要不你还是选择真心话。"她跟着我学，"西米，你就是贱……"

我隐约感觉木修走过来，脱下外套披在我身上，他说："没事的，别怕。"就像几个月前，他也是这样对我说的。

我说过，我和嘉禾不是同一个世界的人，她有一个幸福的家庭，我没有，就像我教她的，"你就是贱，像你妈一样。"

我也是有爸爸的，可我妈总说他没用，心理学上把这叫作暗示，爸爸也就越来越像她口中的人。爸爸走的时候，妈妈还没起床，我穿着睡衣看他穿过狭窄的弄堂，他没有回头，我问他："你恨她吗？"他说："终归是爱过的，哪能没恨，只是日子实在难过。"

有人说我妈不正经，经常出入那种场合。我没有反驳，因为我从没见过我妈反驳，她的性子很急，一不顺心，就拿我出气。我也不怎么反击，因为有时，我看着她真是挺可怜的，皱纹深了，一把瓜子能嗑一下午。

她不让我碰她的东西，衣服、鞋子、洗脸盆、桶都要和我单独分开。

有次烦了，我朝着她说："怕什么，你怕有病传给我？"

她从来不打我的，那一次，她狠狠扇了我一巴掌，"叫你说，叫你说。"

当然，她也梦想着我能成绩好，考个好高中，好大学，就像我梦想着她能温柔、贤惠，有个安稳康定的家一样。

有时，我看着同桌的嘉禾，我会想象她回到家是什么样子的，是不是妈妈端来一杯热牛奶，爸爸下班调侃几句，拉着她看她讨厌的新闻。

真羡慕。

他说，你怎么变得不好了

有一天，在练习室待得太晚，木修说要送我回家。巷口，我让木修回去，他说巷子黑，女孩子怕有危险。

我很高兴，自己能当一回公主。木修走后，我妈从屋里走出来，"刚才那个男生是谁？"我刚想回答，身后传来几声"啧啧"，我妈吼回去，"各回各家，各找各妈！"

"怎么说话呢，有胆做没胆承认呢。"

我妈"腾"一下扑过去抓住那女人的头发，"嘴巴干净点儿。"

"哎哟喂，当妈怎样，女儿就怎样。"

木修赶过来的时候，就是众女人扭打成一团的场面，他只是想把我落在他那儿的东西还给我。

我伸出手想要分开她们，"木修，帮帮我。"

木修脸上多了几道抓痕，我对他说："如果可以，不要跟别人提起。"

他脱下他的外套，披在我肩上，"没事的，别怕。"

回屋，我妈正用清水洗着脸，我也拧开水龙头胡乱地浇着，掩盖了慌乱的泪水。我进门的时候，听见我妈自言自语，"怎么能这么说我女儿呢。"

嘉禾对我是极好的，可能是因为被家人保护得太好，她特别害羞，从来不会大声说话，我知道她唱歌很好听。

她说她不喜欢在人群里唱歌，特别别扭，唱歌是为了让自己舒服，为什么要去迎合别人，让自己不舒服呢？

可她却为了我，在木修他们面前唱歌，只因我要她来助阵。

我想木修是喜欢嘉禾的吧，她那么纯净美好，木修拿了一把新吉他过来，我出于好奇，想要看看。

吉他盒夹层里躺着一封信。

木修回来后，问我有没有动里面的东西，我笑着说："哪敢呀。"

是的，我看了。

"嘉禾，我喜欢你……"

我让左溢帮我，当然我没让他知道原因，我只是试探地问嘉禾，喜欢的是谁？

可惜，她没说。

我能感觉到木修发抖的指尖，他一定在愤怒，"嘉禾怎么可以这么说我呢，那么干净如纸的她，是装的吗？"

"西米，你怎么变得不好了？"

我抬头，是木修在说话，对着我。

她不怕流言，她只怕你嫌她

木修高考过后，我们迎来了中考。

嘉禾考得很好，上了A中，我只算是中等水平，考入了另外一所高中。

那件事过后，我们少了联系，安下心准备高考、中考，谁能想到，左溢为了给木修拿生日蛋糕，根本忘记了答应我的事。

木修也很给力、很耐心地在门口，听了我和嘉禾的谈话。

中考过后，我偷偷地跑回废屋，胖子好像又瘦了，还有人给他买烧鸡吗？

那件事过后，我挺难受的，要中考了，我妈想给我补补，做了我爱吃的可乐鸡翅、银耳粥。可我真的没胃口，我妈也挺难受的，毕竟没有抓住我的胃。

我说不想吃了，刚想走，我妈豆大的泪珠滚了下来，"西米，我戴了手套做的饭菜，不脏，你怎么能不吃呢？"

我心想，"你不戴手套做饭菜，我也吃呀。"

我妈越哭越厉害，我有点儿呆了，"妈，怎么了？"

我握住妈妈的手一看，她的手指甲是灰黑的，有几个指甲盖已经膨胀镂空成茧白。妈妈拍走我的手，"别碰呀，真的会传染的。"

"西米呀，你不要信别人的，妈妈是去浴足城工作了，是正经工作，只是那里的人流太杂，很多人是有脚气的，妈妈就算再小心也染上了，不嫌妈妈吧？"

我咬了一大口鸡翅，"我妈妈做的饭是最好吃的。"

妈妈搓搓手，这才高兴地吃起了饭，像个小孩子。

木修考上了S大，A中红榜上贴着，我弃了以前的QQ号，手机也没用了，我没有足够的勇气找回他们。

错误，让我们对号入座

我没有想到左溢会来找我，我能说他是人品太好吗？竟然考进了A中。

他笑笑，"不是有木修嘛。"

气氛有点儿尴尬，左溢说："上次那件事，我……"

我摇摇头，"幸亏有你，不然我会错很远。"

"不是那个，我问你，你是不是看了一封信，吉他盒里的。"

我点点头，左溢一拍手，"那就对了，那封信是我的，那个吉他也是我的，木修攒钱送我的。"

"你喜欢嘉禾？"

"算吧，不过，她好像从来没有注意过我。"

"什么呀，每次我们还没走近，你就逃了。"

"哦，原来是这样呀。"

"木修，他怎么样了？"

"挺好的，暑假去了北京，还没回来，有公司对他的创作感兴趣。"

"西米，胖子他们要去参加街舞比赛，你觉得我行吗？"

"行不行，问自己。"我有点儿无语。

"怎么和我哥说得一样？"

我们试着变锋芒，因为想与你齐肩

西米也觉得我可以去参加街舞比赛，木修对我说："我给你买的那把吉他，花了我赚的大部分钱，可是如果你不喜欢，它就是一块破木头，只有感兴趣的东西，你才能化腐朽为神奇。"

"你要去试，你才知道想要的是什么。当然你要有实力，才敢去说追逐梦想，想想你哥，是怎么过来的。"电脑里面的他满面春风，衬着身后的墙惨白惨白的。

我和胖子他们整整练习了一个暑假，爸妈不知道。木修说得对，你要有让人折服的实力，别人才能认同你能做好其他事。

我去参加了比赛，一路拼杀，进了复赛。可是我的成绩下滑了很多，我是有信心补上去的。可我爸妈不让我继续，他们说："听话，这样会耽误你的前途。"

哼，他们从来都没有看重我，一个木修就能抵挡一切。

我记得小学的时候，学校开了一节心理课，很神奇，那个老师要我们画画，我画了一棵长在山上的树和一个很小的人。

老师是这么解释的："一棵树长在山上，说明一定要有坚定的后盾，自己才能生存下去；在下面支撑的山很结实，说明坚信家庭能够守护自己，对于家庭有很强的信念，也意味着对于自己可以做好并没有自信；把自己画的很小，是极度缺乏自信心的表现，是同哥哥的比较产生的自卑，哥哥总是做得很好，而自己好像什么都不擅长。"

木修出事对爸妈冲击很大。

我曾问木修后悔吗？

木修摇摇头，"每个人都会有缺点、罪恶。你以为熊猫都吃竹子吗？四川密林中有一种食肉熊猫，只是环境改变了它的捕食方式，它不能等着饿死，所以才改变。"

西米像一株在月夜下努力绽放的向日葵，无助、寂寞。她被关在黑箱子里成长。她试着改变，去接受她并不习惯的日光，纵使骄阳会灼伤她敏感的皮肤。

西米不知道木修去北京，只是为了腿的康复治疗。那天他跑出去追西米，一向谨慎的他并没有注意不远处急速奔驰的车。木修从来没有说过原因，爸妈则一致认为是他忙着实现所谓的梦想才出的事，所以他们才阻止我去比赛。

高考临近，木修在家里打着石膏，一边辅导我功课，一边复习备考。我觉得我不应该讨厌他的，我想起以前，他为给我买双限量版跑鞋，累得发高烧；他为了让我得到爸妈的注意，故意和他们关系冷淡。

木修跟我说："嘉禾是个学霸，她可是要进A中的，学渣，你自己看着办吧。"

嘉禾真的不认识我，西米说过她有脸盲症，我想我得足够优秀，她才能注意到我。

我常跟着她放学，那天我像往常一样买了个冰激凌，优哉地享受和她的浪漫黄昏。我没想到她会掉头，没想到她会手足无措，没想到她会流口水，没想到她会对我告白。

你要相信，我当时真的很慌张。

那天我从校长办公室跑出来，我只是想找个地方大叫一声，原谅我脚滑，撞碎了那块摇摇欲坠的玻璃，割伤了我的手。

我有点儿晕血，真的，当时我面色苍白。

嘉禾走了过来，我真是丢脸丢到太平洋了，她不会以为我这么脆弱吧，闹轻生。她撕掉一块布为我包扎，她把我圈在颈窝，声音软软的，"我要一步一步往上爬，在最高点乘着叶片往前飞，小小的天流过的泪和汗，总有一天我有属于我的天。"

胖子他们最终还是被刷下来了，他像个将军似的叫嚣："也罢也罢，谁还没个过去呀。"

我们都试着迎接未来，我们都希望西米和嘉禾能够和好。不得不说，西米的吉他演奏实在惊人，她也应邀来A中参加艺术节，这几天，我们都在讨论具体细节。

胖子他们招徕了足够人气，整个操场热情似火。西米背着吉他走出来，是木修送给我的，它应该属于有灵气的主人。西米试好音，麦克风里传来干净的声音。

031

看似强悍 / 心手却温暖柔软 / 你在身边 / 头顶上永远是晴天 / ……有快乐的时光 / 不快乐的时光 / 为何热泪盈眶 / 是你填满我的行囊……

舞台下的李老师眼睛湿润，那两个女孩儿紧紧地抱在一起。我想起那天对嘉禾告白，不禁展颜，她两手一抖，"左溢，你神经病呀。"

"木修，你喜欢她吗？"

手机里沉默了一下，"嗯。"

我捅捅西米，"你看，我就说。"

"喂，臭小子，旁边有人？"

十三星座

如果这个世界只剩我和你

寒飞飞

1

2010年的夏天，我们家发生了一件普天同庆的大事：我沈琏在中考时人品爆发考上了市一中。

收到录取通知后，我抱着这张薄纸在老爸的镜头下摆了无数个pose，连QQ昵称都改成了沈一中。

在我的观念里，学生分为三种：一种是高智商的天才型学生，一种是具有拼命三郎气质的努力型学生，剩下的一种就是像我这样的差不多型学生，既没有高到惊人的IQ也没有头悬梁锥刺股的奋发主义精神，只要差不多就行。

老爸老妈还就我到底要不要去一中读书召开了一次家庭会议，他们担心我适应不了那里的学习环境。本来我也有所顾虑，但在得知一中的择校费高达五万的时候，果断做了决定：绝对不能浪费了那五万块，再说了，我甩甩头，虽然本人离天才还有段不小的距离，也不够勤奋，但我对自己的智商还是有那么一点儿信心的。

其实一中的学习生活并没有我想的那么痛苦，老师和同学还是很友爱的，尤其在我收获宋启绘这个闺密后，越发觉得自己做了正确的选择，即使她就是我平日羡慕嫉妒恨并别扭到不想与之为伍的天才型学生。

开学的第一天，我和宋启绘就迅速勾搭成双，在世界友谊之林种下了一棵名叫"沈宋"的小树。后来得知她就是我们市的中考状元后，我惊呆了。这个和我一见如故相见恨晚的人居然还是个学霸？！我表达了我的疑惑。但是在目睹了她在分分钟之内搞定数学老师发下来的据说是难倒众多尖子生的而我连意思都没能弄懂的题后，我就彻底折服了。

2

结束又一个令人昏昏欲睡的早读后，我打着哈欠看了眼正趴在桌上呼呼大睡的宋启绘，叹了口气。和天才做朋友果然是要付出代价的，比如会经常受刺激。

期中考试惨不忍睹的成绩让班主任把我提溜到了第一排，我虽然不愿意，但在老班的黑脸下也只能撇撇嘴遵命，唯一让我感到安慰的是宋启绘也够义气地随着我搬到了第一排。

根据学校传统，高一楼被称为"天堂"，高二楼被称为"人间"，高三楼则被称为"地狱"。我所在这栋楼的对面正好就是"地狱楼"，简称"地狱"。让"地狱"直击"天堂"，我觉得校领导很有想法。

因为第一排的地理位置，通过窗户我可以看到"地狱"三层最右边的教室的后窗那儿坐着一个男生，也因为该男生的身高较高，所以即使他坐着我也能在他无意间转头的时候看到他那张如花似玉的脸。好吧，我承认我已经偷窥好久了。经过不懈地观察，我还发现那个男生有时会在窗户边进行晨读，有时会在课间看看窗外的风景。

"沈二琏，看什么呢？"宋启绘又一次在下课时间准时醒来。

"没什么啊。"我忽然有些心虚，连忙把头扭回来作无事状。

"快，老实交代！否则，哼哼，以后数学作业就自己想办法。"

刚刚还迷迷糊糊的宋启绘瞬间回到满血状态，清醒速度之快令人咋舌。

"我在看……"话还没说完，宋启绘就抢过话头，"你要跟我说你在看风景，就做好自己写数学作业的打算吧。"

我在鄙视宋启绘威胁我的同时也暗暗唾弃自己，为什么要心虚啊？怎么跟做了贼一样？不是说好了有帅哥一起看吗？

"'地狱'三层最右边的后窗那儿。"按捺住心中的异样又权衡了下利弊，我老实交代，毕竟数学作业真是个老大难。

宋启绘一边向外张望一边嘲笑我的智商，"沈二逛，你就没有说谎的资本，窗外就一个草坛子，值得你把眼睛都看直了啊！"

我趴在桌上忽视这丫头的嘲笑，想起来"天堂"和"地狱"之间还真的只有一个花坛，因为校工的疏忽已经很久没有种花了，现在还剩下一堆没来及处理的杂草。

"他？！"宋启绘忽然尖叫起来。

我的心一颤，"怎么了？你认识？"

"没啊，我就是觉得人家长得帅。"宋启绘一副"我怎么会认得如此帅哥"的表情。

我的心跳渐渐平稳下来。

"沈小妞，你喜欢上人家了？"宋启绘突然贼笑着说，"你都不知道，你刚刚的表情有多失望，啧啧，你肯定喜欢上人家了。"

我没有说话，我在思考，然后我觉得这丫头说对了。

3

作为损友，宋启绘极力怂恿我去表白，还信誓旦旦地保证会给我弄到那个男生的所有信息，我把头摇得像拨浪鼓。

宋启绘又热情地表示她可以替我去表白，还一副马上就要冲出教室的架势，我恶狠狠地盯着她，"不许去！你要是去了，就别想我抄你的数学作业！"

"……"

按照常例，我们班每两个星期会换一次座位，由于我对这个位子的感情产生了质的飞跃，我不想换走了。于是我主动找到班主任，首先感谢了老师的悉心安排，然后表示坐在第一排我的学习积极性得到了很大的提高并希望就此安营扎寨。"老班"同志当即被感动并表示愿意提供一切条件让我更好地学习，一切为了学生！为了使我的话有说服力，从来不晓得勤奋为何物的我，开启了学霸模式。

宋启绘摸着下巴看着我的黑眼圈点点头说："爱情果然是能激励人的东西！"我用困得睁不开的双眼望了眼第三层"地狱"，一切为了男人！

让我倍感欣慰的是，那个男生也一直没有换过座位。

夏去冬来，期末考试在男生换上羽绒服后的第三个星期到来，经过令人发指的考试后，寒假来临了。

放假的那天，我一边叹气一边收拾书本。

"怎么了？放假还不开心？是不是舍不得帅哥啊？"宋启绘坐在课桌上晃悠着长腿调侃道。

"一半一半。"我撇撇嘴抖抖手里的成绩单，绝对不承认即将一个月见不到那个男生的事实比数学分数更让我沮丧。

"沈二琏，这可不是你的风格，要自信！"

我点点头，对，要自信！于是我振臂一呼："帅哥和数学分数都会有的！"

然后我看到宋启绘的表情扭曲了，我忽然有了种不祥的预感，缓慢地转过身，班主任绿着脸站在我身后。

我的天啊！

忘乎所以的结果就是，班主任给我上了一堂长达三个小时的政治课，此期间我计算到他共起身倒了七次水去了四次厕所。最后我痛心疾首地表示，数学分数可以有，必须有，没有也要有！帅哥不能有，必须不能有，有也不能有！进行了深刻的自我批评后，我带着班主任倾情奉献的三本数学习题沉痛地走出了办公室。

4

只是到寒假快要结束的时候，那三本数学习题和原来并没有本质的区别，依旧是雪白一片，而我新买的那本日记本却已经被填满。

有些不是滋味的寒假终于过去了！

正月十五那天晚上，我兴奋无比地背着书包去学校。积极的模样让老爸老妈疑惑的同时也深感欣慰，我心虚地挥挥手跟他们告别。

嘿嘿，马上就能见到他了，我拼命扯回快咧到后脑勺的嘴角。

可是生活总会在你开心的时候给你一瓢冷水。我盯着地狱看了一个晚上，把脖子都扭歪了也没能看到那个我思念了一个月的身影。

第二天，第三天……依然没有见到他，失落就像洪水一般向我袭来。宋启绘贡献了无数个笑话，我还是闷闷不乐。

终于有一天，他出现了。我心满意足地看着那个身影，沉浸在喜悦中的我完全没有意识到偷窥早已变成了大喇喇的观赏。

见不到时会想念会失落，看到了比吃了大力丸还给力，我想我真的沦陷了。

"你真的不去打听打听人家吗？说不定人家也正好看上你了呢？"宋启绘又在怂恿我去表白。

我摇摇头，不仅因为他马上就要高考了，还因为害怕被拒绝。

很快，那一年的高考如期而至。两天的考试，我在家坐立难安。

之后我就再也没有见过那个男生了，对面的"地狱"也只有偶尔几个来玩闹的学生和收拾教室的校工，可我依旧改不了扭头看那扇窗户的习惯。

那天，我又一次不自觉地望向那个窗户。因为长时间没有人清洗，窗户上已经有了厚厚的一层灰，里面的桌椅也看得不太清楚了。看着脏兮兮的窗户，我的鼻子开始发酸，眼泪也一滴滴地砸在桌上。

"二斑，你别哭啊。"宋启绘轻声劝我。

"我难受……宋二绘，他根本就不知道我是谁，更不会喜欢我……"

"胡说，谁说他不喜欢你……"

我抬头看她，什么意思？

"呃，我是说，那个……你是女的，他，他还是有可能喜欢你的嘛……"

我苦笑，怎么会有这种不切实际的期待。胡乱地抹了把脸，我对宋启绘说："我决定了，我要忘了他！"

宋启绘张了张嘴，想说什么却没说出口，只是拍了拍我的背。

5

然而，接下来的事情让我知道了什么叫作人算不如天算，也让我明白了再坚硬的誓言在碰到心底最柔软的东西时也会像马其诺防线一样不堪一击。

一个星期后的一天。

我瞪大眼睛看着旁边队伍里的那个男生，觉得嘈杂万分的食堂顷刻间安静了下来，周围的人群和桌椅都像潮水般退去，我的世界里只剩下他。

这是我第一次如此近距离地看那个男生，在同一个空间里，我忘记了矜持，呆呆地将他从头打量到脚又贪婪地把视线定格在他脸上。

也许是我的视线太过热切，那个男生注意到了我还冲我笑了一下，惊得我手里的餐具"砰"地掉在地上。我的动静使得男生嘴角上扬的弧度越发大了。我只觉得脸一热，再顾不得地上的餐具拉着宋启绘就跑，和风声一起传入耳朵的还有宋启绘的怒吼："沈二斑，我还没吃饭呢！"

人人都说，坚持就是胜利。但是我一直认为，想要达到最终的胜利光靠坚持是不够的，还需要良好的外部条件支持。就好比一个立志戒烟的人在即将迎来成功的关键时刻，别人又主动给他递了一支烟，要知道黎明前是最黑暗的时刻，于是他没有抵制住诱惑接下了那支烟，然后一下回到了戒烟前。

我就是这样的感觉，自从上次哭过之后我就克制自己不要去想他，一个星期下来好像也小有成效。可是那天从食堂出来后，我就异常清楚地知道，之前的努力全都白费了。我戒不了"烟"了。

时间像一匹小马"嘚嘚"地往前赶，暑往寒来，我的高三也来了，当年的"天堂"也变成了"地狱"。

很多东西都会随着时间的推移而褪色，但是我脑海中的那张脸却并没有被时间抹去痕迹，线条明朗表情生动，想要模糊一点儿都不能够。我虽无奈但也只能接受这个事实，我还是喜欢他。

渐渐地，班里开始弥漫起一股紧张的气氛，大家都在压抑也都在拼命。我虽然不爱学习，但在高三面前也只能俯首称臣，只是在紧张的学习之余，我还是会在日记中添上几笔。

宋启绘不喜欢班里的氛围申请了回家复习，还告诉我她堂哥本来也是在家复习的，但为了一个女生留在了学校。我表达了对该女生的羡慕和对她堂哥的赞美后，挥挥手送走了宋启绘。只是临走时宋启绘脸上古怪的笑容我没有懂也没有时间琢磨，我得去学数学。

一直以来，数学都是让我觉得生活不美好的一个重大原因，凭借着不太低的智商和努力，我的语文、英语、理综都能拿到一个不错的分数，可数学就是不行，哪怕有全市第一的宋天才给我开小灶也不行。每天我面对密密麻麻的数学题都能急得哭出来，可是哭完之后还得继续做题，然后再急哭，如此循环，才一个月的时间我就开始急剧的消瘦。

一天，宋启绘跑到学校一脸兴奋外加神秘兮兮地递给我一个笔记本，"喏，拿去。"

我接过来，"什么东西？"

"你自己看！"

我疑惑地翻开，是数学笔记。笔记内容非常详细，重点的难懂的地方还用好几种颜色的笔做了标注，每个知识点后面还配上了典型例题，还有作者根据经验列出的可能会考的题型，甚至还贴心地准备了放松的小笑话，简直比辅导材料还辅导材料！

"这是我哥给我的，不过你也知道本天才怎么可能需要这个，赏给你了！"

我激动地抱住宋启绘，"宋二绘，我谢谢你！我谢谢你哥！我谢谢你全家！"连我这个数学白痴都能感受到那本数学笔记的光辉，绝对是好货！

6

偶尔宋启绘也会问我还喜不喜欢他。

我说喜欢。

每当这时，宋启绘就会不遗余力地表达自己的不理解，怎么会呢？明明两年来没有见过一次，明明没有过任何交流，明明不知道他姓甚名谁家住何方……

我也有些无奈，三年了，喜欢和思念似乎已经成了一种习惯。只是新生来了后，我就申请换了座位也很少往那个方向张望了。

高考的那两天一直在下雨，我记得前年高考的时候也是在下雨。

考试结束后，我没了复习时想要烧掉数学书的冲动，反而把那些书都整理好放在了书架上，不清楚是怎样的心情，有解放有欢乐，还有更多的怅然若失。

因为有了那本数学笔记的帮助，我的数学拿到了一个非常漂亮的分数，于是总分也非常可观。宋启绘则是一如既往地优秀，时隔三年依旧是我们市的状元。

知道我的高考成绩后，老爸老妈非常高兴，我从来没见他们这么高兴过。我看着他们不停地打电话给各位亲朋好友报喜，听着他们透着喜悦的声音，突然觉得很幸福。老沈同志甚至还模仿我三年前给自己改的昵称叫我沈重点，我笑眯眯地答应，后悔自己为什么没有早懂事一点儿。

填高考志愿时，我选择了北方的学校T大作为第一志愿，剩下的三个志愿也全填在了北方。因为从小一直生活在江南水乡，我对塞外漠北的生活一直有着莫名的向往，去北方读大学也算是给自己圆一个梦。

没有高考压力的暑假非常清闲。三个月里我做的最多的事情就是翻看这三年里记下的日记，总觉得自己该做些什么却无从下手，有一种深深的无力感。

有人说篆刻最大的艺术技巧在于留白，而我的空白不需要技巧，因为都是空白。有时候，我也会怀疑这三年的喜欢会不会就只是一场梦，日记本里的那些是我梦中的呓语，因为除了这些就真的只剩下空白了。这些空白就像黑洞，我怕身陷其中却又一点点被它吸引，想要抗拒却又力不从心。

离家的前一天，我把日记本封好放在床底，同这三年的感情做了告别。明天就要离开了，不能站在他站过的土地上，不能和他在同一个城市呼吸，更不可能再见到他，一切的一切都是不可能。

我以为此时老天会应景地下点儿雨来配合我的心情，可是安静的夏夜连风都没有。

躺在火车的床铺上，我给宋启绘发了条短信，告诉她我要忘了过去，要在新的地方开始新的生活。宋启绘却告诉我，有缘千里来相会，还附加了一个坏笑的表情。我瞪了瞪手机，突然觉得有些烦躁。

7

火车晃荡了一夜，终于在清晨到达了T市。刚出站就看到红色的T大校车非常显眼地停在一边，旁边还有许多穿着志愿者服装的学生。我径直朝校车走去，只是走到一半便再也走不动了。

那个男生正向我走来，嘴角是我温习了无数次的弧度。

"沈琏，是吗？"他停在了我面前。

我看着他胸前"T大志愿者"字样，机械地点点头。

"你好，我是宋启墨。"

宋启墨？怎么这么熟悉？

电光石火间我想起了些什么，心跳也瞬间快了起来。我听见自己有些发抖的声音问："你……和宋启绘……是……"有些呼之欲出的答案，我却不敢去想。

"绘绘是我堂妹。"

我没有说话，不知道该说些什么。

宋启墨向我伸出手，"走，我带你去学校。"

"是，我想的那样吗？"我没有理会他伸出的手只是看着他的眼睛，问得有些艰难。

"对不起，让你等了三年。"

"是不是？"我固执的想要他清楚的说出口。

"是。"

"……"

怪不得当初我想要忘记他的时候，他总能适时地出现；怪不得每次说到他时，宋启绘经常会欲言又止；怪不得填志愿时，宋启绘奋力推荐T大；怪不得宋启绘会说什么有缘千里来相会……

感觉有什么东西在心里膨胀，一直扩散到眼睛，我才知道我哭了。

宋启墨还是保持着伸手的姿势，脸上带着笑，可我却从他的笑容中看到了紧张，甚至他的眼睛里也有了些湿意。

我想我真是活该被宋启绘嘲笑智商低，居然被这对兄妹忽悠了近三年，可是在最初的错愕和愤怒之后，只剩下满心的喜悦……

原来他害怕我会真的放弃他，特意中断毕业旅行回到学校来给我"加强印象"；原来因为女生改变复习地点的人是他；原来那本数学笔记就是他专门为我写的；原来他和我一样，透过一扇窗户就喜欢上了那个窗户后边的人……只是即使他知道那个人也同样喜欢自己也要等到对的时间才会说出口。

我怎么可能放开一个我喜欢了多年并且也喜欢我的优秀男生，我伸出手，把手放进他的手心里。那一刻，泪水和着阳光，我抬头看到彩虹出现在天空。

你是漫长路途的一道光

　　整个赛场安静了一瞬，立刻一片哗然。连跑在身后的选手也惊诧不已，我心里叹了口气，沈末好像忘了跑三圈就可以结束了，她像个拧上发条的机器人，根本不知道怎么停下来。

你是漫长路途的一道光

喵掌柜

1. 笨是一种病毒

沈末是我见过最笨的人。

笨到什么程度，小学的时候背九九乘法表，我们一天背一行，她要一周才记得住，等到第二周背新的，前面的又忘了。

偏偏她还很努力，认真到令人咋舌。每天起早贪黑嘴里念念有词，上体育课吊双杠她还在背，手心里写得歪歪扭扭的，全是一串一串的数字。体育老师挨个指导动作，到了她那里吓了一跳，沈末头朝下面部充血，闭着眼像是念咒语。

老师绕过她找别人，我们习以为常见怪不怪，一串动作学下来，只听到身后"扑通"一声，沈末摇摇晃晃地从双杠上掉了下来，人已经睡着了。

下课时有人路过踢了踢沈末，她抹了把脸立刻笑嘻嘻地追上来，我们有意无意地加快了脚步，很快把她甩在身后。

班里没人喜欢她，大家似乎觉得沈末的笨是一种病毒，谁跟她接近谁就会被传染到。

毕业之后我们升入了中学，开学典礼那天大家聚集在升旗台旁边，我站在人群里，远远看见升旗台上多了个人，突兀地和全校新生面对面站着。

大家一时议论纷纷，身边有人捅了捅我："看到没，上面的人是沈末。"

我一愣，仔细一看，果然是沈末那张傻乎乎的脸，她面对一群人似乎也害怕了，站在台子上左看右看，似乎犹豫着要不要下来。

这时候班长终于冲上去，一把将她拎下来："让你在升旗台集合，没说让你爬到台子上去啊。"

大家一阵哄笑，沈末脸颊通红，不好意思地也跟着笑。她笑着笑着似乎看到了我，突然冲我挥了挥手："梁青，我们是同班呀。"

我心里一沉，想着该来的还是来了。大伙儿朝我看过来，我故意别过脸去，不想跟她扯上一丁点儿关系。偏偏沈末毫无眼色，亲昵地站在我身边，一副我们是老朋友的样子。

我看着欢迎入学的条幅，太阳穴隐隐作痛。沈末能升入重点中学是我们都始料未及的，我想了想，还是悄声问了她一句："你怎么考进来的？"

沈末听到我主动说话很是开心，直截了当道："我爸替我掏了建校费。"

我心里立刻了然，听到身后有人传来不屑的咂舌声。沈末似乎毫无察觉，仍然一脸兴奋："能和你分到一个班真开心。"

2. 优生、差生和沈末

沈末升入中学后，智商仍然没有改善。

那副呆头呆脑的蠢样子很快让大家明白她是怎么升入重点中学的，成绩好一点儿的学生对她不屑一顾，稍差一点儿的也不愿意和她认识，大家似乎达成了某种共识，班里分成三类人：优生、差生和沈末。

第一次月考，沈末毫无意外地垫底了。数学考了二十四分，惹得老师很生气，直接将她揪出来："给我站在门后反省。"

沈末可怜兮兮地依言照做，班里谁也没有看她一眼。她路过我身边的时候，我刚好将接近满分的试卷放在桌子上。

看到沈末眼里惊诧和羡慕的神色，我心里慢慢松了一口气。我就是想让她知道，我和她并不是同一类人。

这样一直到上午的最后一节课结束，大家窜出教室回家吃饭，我最后一个收拾东西，准备落锁的时候突然听到空荡荡的教室里传来细碎的哭声。

我登时吓了一跳，整个教室的确是空无一人，而那哭声断断续续，似乎就在手边。我壮着胆子拉开门板，发现沈末躲在教室门板的后面，一张小脸上全是泪，正哭得一抽一抽。

我一愣："你在这里干什么？"

沈末不说话，憋了半天才小声道："我想尿尿。"

我怔住，顿时明白了怎么回事。

沈末唯一的优点就是听话，教室的门一直是打开的，她就那样傻乎乎地按老师所说站在了门的后面，大家进进出出，上课下课，她站在门板后面纹丝不动，没有人意识到有个人已经一上午没有出现在位置上了，沈末的所在一向是最容易被忽略的死角。

她就那样安安静静地，在门后站了一上午，连下课都不敢走出去。

我顿时有些哭笑不得，将她带到洗手间洗了把脸，沈末一双眼睛红红的，吸了吸鼻涕，可怜巴巴道："我饿了。"

我重重叹了口气，心里想着明明这么多人，为什么偏偏只有我和沈末认识。

3. 噩梦开始

清明的时候学校组织了踏青春游，说这些的时候正在上体育课，沈末兴奋地直跳起来,刚来的体育老师不明所以,便指着最开心的沈末道:"那就你来组织吧。"

大家一愣,相互看了看,心里都在想着,沈末这回完蛋了。

沈末按照流程统计了人数又预约了大巴,一切看起来似乎还算顺利。等到集合那天大家领表格,才发现竟然少了一份。

沈末很着急,哭丧着脸向我求救:"不对啊,我明明数过人数了,是五十三个人没错啊。"

我替她数了一遍,这才发现,她把别人都算上了,唯独把自己落下了。

车上座位有限,大家领了表格纷纷上车,车下只剩沈末一个人孤零零地站着。有人幸灾乐祸:"正好她把自己数掉了,带上沈末说不定又有什么意外呢。"

我上车前回头看了她一眼,沈末怯生生地站在车门外目送我们,最后甚至还冲我笑了笑:"没关系,我等下自己坐车过去,我能找到的。"

车门在身后关上,我透过窗户看到沈末朝公交站牌走去,身后有人啧了一声,我觉得太阳穴又开始突突地疼——

这个傻瓜竟然去了反方向的路段。

沈末在站牌前冲我挥了挥手,我想了想,咬咬牙,推开车门走了下去。

车子在身后出发,沈末一脸诧异地看着下车的我,知道自己找错车站后,一脸感激涕零:"谢谢你梁青,你人真好。"

我叹了口气,突然觉得这是个噩梦的开始。

4."病毒"扩散

春游回来之后,沈末像条甩不掉的尾巴,天天跟在我身后。

中午吃饭的时候,她总能从某个角落里跳出来跟我挤在同一张桌子上。放学回家的路上，沈末明明需要绕路，却嘴硬地说我们顺路。

我们沿着铺满晚霞的小路一直走，沈末的话很多，几乎要把一整天的见闻都告诉我。天边是最后一抹霞光，照在她的脸上像是镀了一层光。后来我想，在班里总是没人跟她说话，沈末每天能畅快说话的时候，似乎只有放学后那段短短的小路。

期末考之前，我每天都去图书馆看书。沈末也跟着去，往往看不到两页就睡着了。

偶尔一次沈末坚持到最后没有合眼，我有些诧异，刚想说点儿什么，抬头看到她在写写画画，手里的书明明是反着的。有时候我想，她身上也许有个开关，一旦需要动脑子的时候，立刻就开始宕机。

这之后是期末考，放榜那天我的名字往下掉了好几格，大家围着榜单指指点点，看着我一脸同情。

似乎沈末身上的诅咒应验了，她的笨是会传染的，终于不负众望地传染到我身上。

我转身上洗手间，同班的女生还在讨论这件事，看到我后纷纷围上来："以后不要跟她一起了，你这次也太亏了。"

我没有说话，抬眼看到其中一个隔间门外挂着沈末的包，她应该躲在里面，直到我们走了也没有出来。

那天放学后沈末不出意外地被叫去办公室训话，我走到办公室的时候她还在面壁思过，老师看到我，重重叹了口气："怎么搞的，为什么退步这么多？"

我张开口刚想说什么，沈末突然转过头，眼里含着泪，一脸幽怨地看着我说："对不起！"

她说完跑出去，留下老师一脸疑惑："关她什么事儿？"

我看着她的背影没有说话，只有我知道，考试那天我胃病发作，卷子的后半部几乎是空白的。可大家都自然而然地把矛头指向沈末，沈末虽然很笨，听得多了却也明白了怎么回事。

从此沈末再也没有找我一起回家，我想这样也好，我的确受够了她的唠叨。

5. 长跑健将

十月份的一场大雨带来了秋季运动会，班长鼓动大家报名参加比赛，统计到八百米长跑的时候谁也不愿意举手，大家只有一个想法——太累。

班长举着报名表无可奈何，看了一圈，目光最终落在沈末身上。

沈末有些受宠若惊，用手指了指自己："我？"

班长便顺水推舟地接下去："好，就是你了。"

比赛那天大家围着看台坐，我远远看到沈末背后的号码牌，班长在一旁加油打气："沈末，你一定要跑第一。"

沈末一脸凝重地点点头，一副壮士出山的悲壮神情。

我心里暗叫一声糟糕，沈末这种直脑袋，她一定把加油听成了命令。

果然比赛开始之后，沈末拼了命地往前跑。大家最开始只是吃吃喝喝在玩闹，最后看她那个架势，也不由得认真看起比赛。沈末超过了一个又一个人，我想着果然那句话是真的，头脑简单的人运动神经都很发达。

班长也看得惊诧不已，本来只是拿沈末凑人数，没想到她最后竟然超过了别人整整半圈。眼看着沈末跑到终点，大家忍不住从位置上站起来。下一秒只要沈末摘了旗子就算胜利，沈末第一次感受到这么多双眼睛的迫切的目光，她一鼓作气冲到前面，然后……无视旗子继续向前跑去。

整个赛场安静了一瞬，立刻一片哗然。连跑在身后的选手也惊诧不已，我心里叹了口气，沈末好像忘了跑三圈就可以结束了，她像个拧上发条的机器人，根本不知道怎么停下来。

裁判吹着口哨追上去，无奈沈末像打了鸡血，跑得实在太快，看台上的人看着眼前神奇的一幕，裁判追着选手跑了半圈才算拦下来，气喘吁吁道："同学……你……你已经跑过终点了……"

沈末茫然地停下来，然而终点那边，已经有人先一步摘走了旗子。

全场惊呼爆冷，我们目瞪口呆地看着沈末走回大本营，她满身满脸都是汗，哭丧着脸，几乎不敢抬头："对不起，我输了……"

大家沉默了一阵，一时不知道说什么好，班长走过去拍了拍她的肩膀："没关系，你跑得挺好的。"

谁也没有说责怪的话，大家默默散去，我觉得有些心酸，沈末还是那么呆头呆脑，蠢得让人抓狂，却又忍不住心疼她。

她像是脑子里只有一根筋，跟小时候背乘法表一样，她是笨，却一直在努力，别人给的零星半点的希望她都珍惜地捧为一束光。

其实想一想，总是耍小聪明的我们，为了那么一点儿侥幸而沾沾自喜的时候，那副骄傲的神情，似乎比我们眼里的沈末更蠢。

050

6. 生日快乐

这之后冬天很快到来。

圣诞节那天班里一副热热闹闹的景象，大家分送贺卡和礼物。走到我这边的时候不知谁想起来，立刻惊叫道："今天好像是梁青的生日。"

我一愣，恍然想起来，因为生日赶在节日里，每年都会被忘记。

大家立刻约好放学后一起吃蛋糕，我抬眼看了看沈末的位置，她刚好收拾了东西走出教室。

我扬起的手又放下来。

大家关了灯一起唱生日歌，我闭着眼睛许愿，黑暗中感觉有人挤过来，刚好有人开了灯，刺眼的灯光亮起的一瞬，我看到沈末一脸错愕的表情。

她尴尬地笑了笑："我忘了拿东西。"她这么说着，却将一本书放在桌子上，逃跑似的走了。

我想了想，随手翻开了那本书。空白的习题册已经被摸得皱巴巴，随手哗啦啦翻过去，突然停在某一页上。

将书反过来看，中间的一页上，是用铅笔画的一个精致人像，分明就是我的脸。每一笔都勾勒得极其认真，似乎是在图书馆的桌子上。

我想起之前期末考的时候，沈末跟我去图书馆，她把书拿倒了，却在认认真真地写写画画。

再往下翻，背面写着小小的一行字：生日快乐。

我忍住心里的诧异，感觉鼻尖酸酸的。沈末到现在还认为期末考是她的错，她把自己当成瘟疫，只能远远地躲着我。

第二天沈末来到学校，我把习题册直接丢在她的桌子上。

她一愣，立刻一脸失落，小心翼翼道："对不起……"

我皱了皱眉："为什么道歉？"

沈末没听出我的无奈，认真地解释着："我知道你不想再跟我有任何牵连，抱歉我不该送你这个的。"

我叹了口气："这本习题册全是空白的，从现在开始除了那幅画，剩余的全部做完吧。"

"哈？"沈末一脸诧异地抬起头，我睨了她一眼："不会的问我就行了。"

在沈末还未反应过来的时候我回到位置上，后来我想，真是自作孽不可活，装酷耍帅是要付出代价的。

7. 冬日暖阳

沈末第三天来找我，练习册仍然是空白的，她一脸无辜："你说不会就来问你的。"

我也很吃惊："难道你一道题都不会？"

沈末不敢抬头，像只可怜巴巴的小狗冲我摇着尾巴。

我在放学后的图书馆里教她习题，沈末咬着笔杆冥思苦想，有时候为了逃避习题，她直接在书页上画画。

一个月下来，整本书几乎被她画满了。从图书馆到学校操场再到人工湖，我看着习题册直皱眉，却又不得不承认，至少沈末的美术天赋还是有的。

第一场大雪来临的时候，市里举办了美术创意大赛。我跟沈末一起去报名，沈末一路上紧张兮兮，得知审核通过之后简直高兴得合不上嘴。

她就那样拿着参赛证坐在公交车上笑了一路，我嫌丢脸，忍不住问她："你被点了笑穴吗？"

沈末听不出我的讽刺，高兴得直往我身上蹭，那副开心的模样倒像是已经得了奖。

她蹦蹦跳跳下了车，一路上哼着歌，我看着她皱了皱眉："你的包呢？"

"嗯？"沈末一愣，再抬眼，公车已经撅着屁股走远了。她在原地愣了半天，我叹了口气，想着这就叫乐极生悲，不知道是沈末太笨了还是太倒霉。

这样过了两个星期，周一升旗的时候沈末和我站在一排，班长点名之后突然一脸疑惑："沈末不是报名美术比赛了吗，今天怎么没去？"

我一愣，沈末摆了摆手："还不到比赛时间呢，他们说好了会短信通知……"

她说到一半突然停下来："对了，我的手机好像和包一起丢在公车上了。"

我心下一顿，立刻拉着她跑出去。赶到比赛现场的时候已经迟到了半小时，一共三幅画的时间，沈末已经失去了第一幅。

我在门外等得着急，沈末因为只有两幅画，完全没有胜算的可能。她倒是很淡定，一副重在参与的态度。我想了想，突然冲进比赛现场，将沈末的习题册交给了评委。

沈末愣住了一瞬，我冲她笑了笑："他们看到你平常的作品，说不定会网开一面呢。"

沈末看着我，感动得眼眶红红的。

然而我最终并没有为沈末争取来第一幅画的机会，比赛结果出来，沈末因为只有两幅画，成绩并不理想。

我和她走回家，她一路上安慰我："没关系的，只不过可惜了那本练习册，里面有你的生日礼物呢。"

我怔住："你觉得比赛不重要吗？"

"也不是。"沈末认真地想了想，"可是相比之下，你的生日礼物更重要，毕竟十六岁只有一次嘛。"

我心里顿了顿，一时不知道说什么好。沈末往前走了几步，见我没有跟上来，就回头等着我。

冬日里的太阳带着微薄的暖意，像是能融化一整个寒冬。

我朝她伸出手："今天绕到你家去吧。"

8. 我相信你

这之后时间像是翻开的书页哗啦啦翻过去，期末考的时候沈末终于没有再垫底，虽然只进步了一点点，她还是开心得不得了。

我送了她新的习题册，她这次老老实实写完了习题，没有多画一幅画。

升入新年级后学校组织了名校参观团，每个班里的优等生才能参与。沈末对此毫不关心，我也明白以她的成绩轮也轮不到，便没有提起这件事。

放学后从老师那里领了报名表，班长登记完之后突然问了我一句："你知道吗，沈末她爸爸给她交了建校费。"

这是人尽皆知的事，也只有沈末那样的傻瓜说起来毫不避讳，我点了点头："怎么了？"

班长想了想，有些犹豫道："据说这次名校参观团，她爸爸给她报名了，也许会把你的名额顶下来，你知道的嘛，班级里只能去一个人，她家给学校出了这么多钱……"

我笑了笑："别听人乱讲。"

出了校门看到沈末买了两个甜筒在等我，我接过一个，想了想便问了一句："你知道参观团吗？"

沈末不出意外地一脸疑惑，我点了点头，果然都是大家以讹传讹。

等到第三天，参观团的名单出来，班级里赫然是沈末的名字。我看着名单有些发愣，班长若有深意地看了我一眼，无声地摇了摇头。

回到班里沈末正在我的位置上做习题，看到我便笑了笑："今天放学后我有事要先走啦。"

我看着她，沈末从来不会说谎，可是我却不敢问出心里的疑问。

可能心里隐约是害怕的，害怕听到她那么直接地说出真相吧。

第二天沈末没有来学校，她去参观团的消息已经传遍了全班。体育课的时候大家在网球场练习，平日里是沈末和我一组，这次沈末不在，换了别人。

中间休息的空隙，对方把球拍放在一起，突然问了我一句："你跟沈末关系很好吗？"

我一愣，想点头说是，对方便接着说了一句："沈末平时看起来呆呆傻傻的，怎么这么有心眼，这次瞒着大家把你的名额给顶下来，下次指不定做出什么事儿呢。"

旁边有人围过来，这个话题一直是大家想揭又不敢揭开的秘密，一旦有人开头，后续便再也止不住。

"对啊，沈末怎么这么过分！"

我被围在人群里，抬眼看到学校大门口，沈末正朝着教室走去。

我心里一愣，想起第一次跟沈末的交集，新生的开学典礼上，她凑过来，那么认真地对我说，跟你同班真是太好了。

我心里一酸，打断了她们的话："沈末她又没错，或许她也不知情呢。"

旁边的人一脸惊诧："梁青，你人真的太好了，这个时候还替她说话。"

我没有说话，转身朝更衣室走去。手指在身侧握成拳头，她们说错了，不是我人太好了，我只是愿意相信那样的沈末。

那个认真的，笨笨的，总是迷迷糊糊却很努力的沈末。

9. 叫我沈聪明

参观团的行程很快定下来，沈末只字不提，我也从不过问。心里隐约是怀疑的，是否这次真的是我太天真了。

周末的时候参观团集体出发了，我没有收到沈末的任何消息，出门去附近的超市买东西，心里越想越觉得委屈。我并非执着于参观团，却因为沈末的不言不语而耿耿于怀。

手里的纸袋因为不堪重负裂开了一个口，袋子里的苹果便蹦蹦跳跳落在地上滚远了。

我低头去捡，却有一只手比我更快地捡起来，我抬起头，看到沈末正冲着我笑："好巧啊，你也来买东西？"

我一愣："今天参观团……你该不会是又错过通知了吧？"

沈末也愣住，用她那生锈的脑袋想了半天，才道："哦，我本来就没有去啊。"

我有些惊讶，沈末接过我手里的纸袋，顺其自然地跟我走在一起："突然通知去什么名校参观团，我一看没有你的名字，去了有什么意思呢，所以就拒绝啦。"

我被她说得整个人噎住："据说是你爸爸为你争取的……"

沈末眨眨眼睛，一脸疑惑："你忘了吗，美术创意大赛的时候，你把我的习题册交给评委。他们觉得比赛结果要公平，又觉得亏欠我，所以让我参加这次的参观团。"

她说得一脸坦然，我心里一顿，这才是沈末，我们在窃窃私语揣测人心的时候，她用最简单的理由拒绝了应得的奖品。

因为我没有去，所以她也不会去。

可是如果故事倒转过来，当初我报名的时候，却从未考虑过沈末会不会也想跟我一起参加。我理所应当地认为她没有资格，我可以撇开她自己去。我还在假惺惺地被人当作受害者，内心动摇她的隐瞒和自私的时候，她已经直截了当地拒绝了这次机会。

心里泛起酸涩，像是有什么东西蠢蠢欲动，几乎要破土而出。沈末突然从包里拿出一本皱巴巴的习题册，冲我得意一笑："我专门请假把习题册要回来了。"

我接过来，中间的某一页，用与印刷体截然不同的字体写着"生日快乐"几个字。鼻尖一酸，眼眶立刻红起来。

我冲她笑了笑："沈末，你是不是喜欢我啊，为什么画我的肖像？"

沈末听不出我在开玩笑，一脸认真地点了点头："是呀。"

我一愣，她接着说："那次你带我去春游，我一直在想，从小到大，终于有人看不下去出来拯救我了。"

我无声叹了口气："沈末，你成绩烂也许是因为你的名字，怎么看都像是在末尾。"

沈末认真想了想，嘿嘿一笑："那以后就叫我沈聪明吧。"

天边的最后一道云霞落在她的肩上，沈末微笑着，脸上像是带着闪闪的碎金，光芒耀眼。

有时候岁月总会让我感到庆幸，庆幸这条短短的小路上，还有你跟我在一起。

听你的唠叨，看你的笑容，踩着铺满日光的路途，像是可以一直这么走下去。这期间谁说了什么，谁抬头微笑，任由时间匆匆忙忙，也不必担心你越走越远。

因为你，是这茫茫路途中，为我闪耀的一线微光啊。

057

你是漫长路途的一道光

最好的事情，就是和你在一起

林莴迦

1

理综试卷发下来仅仅三分钟，顾九微就已经将选择题全部答完了。

如此高端大气上档次的行为，一般不是天才所为，就是蠢材所为。

顾九微既不是天才，也不是蠢材，她只不过是有特别的答题技巧而已：三长一短选最短，三短一长选最长，长短不一选择B，参差不齐就选D，同长为A，同短为C，以抄为主，以蒙为辅，蒙抄结合，一定及格。

接下来漫长的答题时间，顾九微换着花样用不同的字体在各大题下写了一个解字。

喵呜体圆润可爱，行书刚劲有力，草书霸气潇洒，顾九微对自己的书法作品甚是满意。然后她就趴在桌子上，看着左前方的前方的前方的那个坐得笔直的背影发呆。

为什么一个人，单是看背影，就能那么好看呢？脖子纤长莹润，看起来就像优美的天鹅，而且头发蓬松柔软，真的好想摸一摸啊。

哎呀呀，站起来了，身姿挺拔像小白杨，步伐不急不缓，自有一种优雅的气质，交卷的手修长有力……

交卷？顾九微醍醐灌顶，反应过来，胡乱将桌面上的铅笔尺子橡皮筋一股脑扫到包包里，抓起试卷，扔给讲台上的监考老师，追了出去。

"欸欸，许秋白，物理的第一道问答题，为什么游完泳上岸的时候会觉得冷呢？"顾九微拽住少年的袖子，仰着头做好奇宝宝状。

许秋白的脸色有些苍白，他敛眉想了想，轻声答道："因为水蒸发吸热。"

顾九微怪叫一声，跳起来狠狠地拽了一下许秋白的头发："天哪，为什么我要脑抽地答一个岸上风大！"

啊，他的头发真的好软啊！

来不及感叹太多，下一秒，头发的主人咚的一声就倒在了地上。

"啊，许秋白，你怎么啦！你不要死啊！你还没有答应我的告白呢！"顾九微吓了一跳，当下趴在许秋白的身体上鬼哭狼号。

"糖……糖……"许秋白浑身冷汗，唇色惨白，弱弱呼唤。

顾九微抖着手将包包里的东西全部倒出来，抓着巧克力和棒棒糖问许秋白："你要哪一种啊？"

许秋白的眼神在巧克力和棒棒糖之间飘忽转换，久久不语，眼看着整个人都要晕过去了。

顾九微仔细对比了一下包装上的含糖量，棒棒糖高了巧克力一筹："你是要葡萄味的棒棒糖还是要芒果味的棒棒糖还是要……欸，你别翻白眼啊！"

许秋白最终还是得到了拯救，归功于顾九微手忙脚乱的时候，好巧不巧，将一块巧克力掉进了许秋白的嘴里。

严重低血糖的许秋白同学，就此缓过气来了，依然是温润美少年一枚。

顾九微蹲在地上逼问许秋白为什么会低血糖。许秋白姿势优雅地从地上爬起来，仔细想了想，做出了合理的假设："也许是因为早上没有吃早饭。"

顾九微怒了，后果很严重！她踮起脚尖，拽住许秋白的衣领，恶狠狠："我早上给你送了早餐，你为什么不吃？你这是用拒食来表达你宁死也不愿从我吗？"

许秋白被她摇得险些又要晕厥过去，回了好久的神，他才答："三班的米朵也送了我早餐，七班的苏晴也送了我早餐。"

难道他这是嫌弃她早餐的意思？顾九微眯着眼。不对，他不是都饿得低血糖了吗？那就是他谁的早餐也没有吃？

"我不知道该吃谁的。"

顾九微觉得现在应该换她快要晕厥过去了："那你不能谁的都吃一点儿？"

"可我不知道应该先吃谁的。"

……

"选择性障碍综合征"晚期的人，都应该去死去死！

2

意料之中的，在考试成绩统计出来之后，顾九微被兼任班主任的物理老师拎到了办公室批评教育："我原本以为，上次你理综成绩的总和只有许秋白生物成绩那么多，会让你知耻而后勇。没想到，你勇敢地刷新了下限，这次理综成绩还没有许秋白生物成绩的一半。"

许秋白也在办公室里，帮着化学老师登记成绩。

顾九微瞥了许秋白一眼，许秋白心无旁骛，埋头奋笔疾书。顾九微不满地撇了撇嘴。

"呵，说你两句，你还撇嘴了！"班主任怒了，狠狠地将顾九微的试卷拍在桌子上："你说你，没分科的时候，成绩还排在中游，那是因为你文综成绩不错，弥补了你理综上的不足。我就不明白了，理综对于你来说，分明就是一条不归路，你怎么就非要在这条路上执迷不悟呢？"

不知道口若悬河是不是每一个班主任的必修技能，总之，在顾九微终于获准离开办公室的时候，她觉得头晕目眩耳朵痛。

顾九微在走廊上站了一会儿，就看到许秋白抱着一摞试卷走了过来。

顾九微懒洋洋地冲他招手，许秋白犹豫了一会儿，还是走了过来，低着头看了她好一会儿，眼里是困惑的神情："你为什么不选择文科呢？感觉你学理科学得很辛苦的样子。"

今天是人品大爆发了吗？竟然遇到许秋白脑子开窍，主动来问这个问题了。顾九微一下子神清气爽，她深情款款地望着许秋白，说："这一切都是为了你啊！"

"为了我？"许秋白十分不解。

"所谓近水楼台先得月，为了追你，我觉得作为同班同学可以占据地理空间上的优势！"顾九微眼睛亮晶晶的，俨然一副势在必得的模样。

许秋白没什么太大的反应，沉思片刻之后，组织了一下语言："可是三班的米朵告诉我，距离产生美。而三班到我们班的距离，正好是彼此能够亲近又能够保持神秘感的距离。"

什么？没想到米朵竟然先下手为强了，还真是棋逢对手了！

顾九微恨得咬牙切齿，赶紧补上另一个回答："所谓志同才能道合，所以我坚信一个学理科的我和一个学理科的你，必定会有很多共同的语言。"

许秋白用一种难以言说的表情看着她，缓声道："可是七班的苏晴告诉我，人与人交往，讲究一个互补。所以一个学文科的她和一个学理科的我，正好互补成一个完美的圆。"

顾九微真的快要吐血而亡了！敢情这么久了，都是她在自己的思维里折腾啊？

她一把扯住许秋白的衣领，虚弱道："那你觉得谁说得对？"

许秋白认真地思考了一会儿，眉头皱起来，表情有些纠结："我觉得你们都说得对。"

"必须要选一个！"

许秋白为难地看着她，许久没有言语。

顾九微挫败地松开手，唉，和许秋白这个"选择性障碍综合征"晚期的家伙认真做什么啊。

她一边将他皱巴巴的衣领抚平，一边说："秋白啊，我知道让你做选择是一件很艰难的事情。我给你出一个主意吧，你回去呢，就将所有追你的女孩子全部列成一个表，谁让你开心了，你就在她的名字后面画一朵小红花，谁让你不开心了，你就在她的名字后面划掉一朵小红花。这样一段时间之后，让数据来为你选择最适合你的那个人吧。"

顾九微简直忍不住想为自己提出这样天才的计划而喝彩。

许秋白想了想，同意了。

顾九微眨了眨眼睛，说："我这样具有建设性的方案，至少应该值两朵红花吧？"

许秋白点了点头。顾九微忍不住叉腰狂笑，哈哈，她已经赢在了起跑线上，接下来的比赛，她也要一路领先到底！

3

顾九微是在班主任的欢呼声中，转到了文科班的。

临走之前，顾九微问许秋白："我现在即将离你而去了，你是会给我加一朵小红花呢，还是减一朵小红花呢？"

彼时许秋白戴着眼镜，正执笔解奥数难题。听到了顾九微的话，他茫茫然抬起头来看她，点着笔想了很久，才说："给你加一朵小红花？"

顾九微一下子就炸了，她将抱着的一摞书"砰"一声摔在许秋白的书桌上，含泪控诉："许秋白你这个大混蛋，难道我即将搬到隔壁教室，离你又远了四米，是值得你高兴的事情吗？"

许秋白怔了怔，改口道："那我给你减掉一朵小红花吧。"说着就要埋头翻包包。

顾九微看着他弧度优美的脖子，还有柔软的头发，一口气提起来又咽下去，简直难受得快要爆炸了！

什么叫作自作孽，不可活呢？这就是活生生的典范啊！为什么要问这么奇葩的一个问题，不管许秋白回答是加小红花还是减小红花，她都不会高兴的啊。

最后顾九微狠狠地揉了一把许秋白的头发，让他不用加也不用减，帮她将书本搬到隔壁教室就好。

顾九微转到文科班之后，可谓是混得如鱼得水，成绩噌噌地往上涨。之前的班主任很欣慰，觉得自己拯救了一只迷途的羔羊；现在的班主任也很欣慰，因为又来了一个同学拯救班上的平均分了。

只是上课时，不能随时抬头就看到许秋白修长挺拔的背影，这让她颇有点儿遗憾，也不习惯。于是她就去找许秋白了，要求拍一张他的背影，做成相框放在桌子上。

许秋白觉得这未免太过高调了，有些迟疑。

顾九微四十五度角仰望天空，哀伤道："你知道吗，一个少女的心，就像玻璃，很容易就碎成渣的。我不想哭，眼泪却落下来，明年会开成一朵朵的花。"

许秋白沉默了许久，才说："眼泪是一种弱酸性透明的无色液体，落到地上很快就会蒸发，不会开成花。"

顾九微的表情有了一丝裂痕。

许秋白毫无察觉，继续认真道："听说文科生写作文的时候，都非常异想天开。什么'霍金虽然瘫痪了，但是他还是坚持用颤抖的手握着笔，写下了世界名著《时间简史》。'或者更离谱的'牛顿小时候曾经坐在一棵苹果树下苦苦思考，为什么一切物体都要落在地面上呢？

突然，一个苹果砸在他的头上。牛顿恍然大悟，原来是因为万有引力啊！'顾九微，我觉得适当的煽情和夸张是可以有的，但是不要偏离基本事实。"

顾九微目瞪口呆，风中凌乱，恼羞成怒，最终跳起来抓住许秋白的衣领，狠狠地摇："我要你黑我大文科生！"

虽然过程是曲折的，但是许秋白最终还是被迫答应配合顾九微的纯情要求。

于是那天放学之后，许秋白在顾九微的强烈要求下，换上了一件白衬衣，端正地坐在位置上，认真做作业。

顾九微在后面，换着角度拍许秋白的背影，不亦乐乎。

直到拍立得的相纸只剩下最后一张了，顾九微才意犹未尽地收手了。

"我们来自拍一张合照吧。"顾九微凑过去，才发现许秋白还真不是摆pose，人家在攻克奥林匹克物理。此刻许秋白茫茫然转过头来看她，顾九微灵机一动，将拍立得举得远远的，咔嚓一声，拍了下来。

鉴于顾九微小手略短，因此在构图上有所局限性，只将两个人的大半个脑袋拍下来了，看起来有些可笑。

但是顾九微却满意得不行，她指着照片对许秋白说："真正好的照片，应该是内容大于形式的。你看，这张照片上只有我们俩，而且你看着我，我看着你，多唯美浪漫啊！亲密值噌噌往上涨，快给我小红花。"

许秋白掏出笔记本，在顾九微的名字后面画了两朵小红花。

顾九微探头一看，发现自己名字后面的小红花，远远赶超其他的竞争对手，非常高兴："你看，数据告诉你，你和我在一起是最开心的。作为奖励，这周我们一起玩吧。听说西祠的莲花开了，可漂亮了。"

许秋白将笔记本放回包包里，侧头看顾九微，脸上有些微疑惑的神情："据说女孩子普遍都比较羞涩而内敛。为什么你却奔放得几乎天天都对我告白呢？"

顾九微在心里翻了个白眼，还不是因为你不解风情，情商为负，行情却不错。我都告白了这么多次了，也没见你开窍呢。心里疯狂吐槽着，面上却是一片云淡风轻："小白白呀，你听过狼来了的故事吧。那你知道这个故事告诉了我们一个什么道理吗？"

许秋白垂眸想了想，说："小孩子不要说谎，不然在你说真话的时候，就没有人相信了。"那小表情活脱脱就是认真回答老师提问的好学生模样，衬着柔软的头发，真是乖巧得不行。

顾九微不客气地将爪子摸上了他的脑袋，笑眯眯："错了！这个故事告诉我们，如果你坚信一件事情，奇迹就会发生。所以我，我现在天天说我们俩是天作之合，以后我们俩就会真的成为天作之合。"

许秋白沉思良久，说："似乎有点儿道理……"

所以说啊，理科生的孩子和文科生的孩子玩文字游戏……还是洗洗睡吧。

4

为了周末的约会，顾九微可谓是费尽心思。当天晚上回家就直奔淘宝，挑选了四个小时，最终买了一套无比小清新的碎花裙。

卖家发货很快，第三天顾九微就收到了，兴奋地打开一试，瞬间心都凉了！说好的小清新呢？谁来告诉我，镜子里的村姑是谁！

现实太虐，感觉没有办法好好地活下去了。

顾九微愤怒地给了商家一个差评，影响别人约会的心情，简直不能原谅。

顾九微周五傍晚恹恹地向许秋白确认第二天碰面的时间和地点，许秋白的态度无疑是在她沮丧的心情上神补了一刀。

许秋白说，九班的安七也约了他周末一起玩，所以他现在不知道该如何选择。

"不是说好了，这次约会是因为我小红花最多，所以给我的奖励么！"顾九微觉得自己快要黑化了。

许秋白轻声说："可是安七说，她小红花最少，所以更应该优先给她时间来培养感情。"

"所以你就选择她了？"

"没，我不知道该怎么选择，总觉得没被选到的那个人，会很伤心。"

顾九微不知道这算是许秋白的温柔还是他的残忍。

是，她一直知道在面对选择题的时候，如果没有计算公式，他总是难以选择。所以她甚至可笑地将自己和其他喜欢他的女孩子，全部作为他的备选项。还亲自为了他设计了一套推算公式，让数据来帮他做出选择。

为了这个，她一直很努力地让他开心。所谓爱情，不就是两个人在一起的时候，比一个人开心吗？

但是在这一刻，顾九微觉得有些难受了。许秋白的这种性格，有时候你会觉得很可爱，但是更多的时候是心累。顾九微有一种预感，或许她永远都走不进许秋白的世界里。

顾九微什么都没有说，提着书包回了自己家。看到那件村姑服，更是火大，她怒从心中起，恶向胆边生，当下将之前给许秋白用拍立得拍的背影，扫描到了电脑上，然后凭借鬼斧神工的PS技术，将许秋白的白衬衣P成了花裙子。最后还神来一笔地在他的头上P了一个粉红色的蝴蝶结。

顾九微看着这张又雷又萌的照片，笑得肚子都痛了。

这个时候，顾家"太后"进来了，一巴掌拍得顾九微险些呛了气："一天到晚就知道傻笑，还有没有点儿女孩子的样？上次给你说的那事，你想好了没？"

顾家"太后"和"太上皇"因为工作变动，准备将房子换到城北。这样的话，顾九微上学就要穿过大半个城市，耗费两个小时。正好顾九微转了文科，顾家"太后"便建议顾九微干脆转学到城北一家以文科见长的学校。顾九微嘴里敷衍着，心里却是打定了主意抗旨不遵。

"顾太后"闲聊了两句，临走时扫了一眼顾九微的电脑，不解道："对着这么一个神经病，你刚刚也能笑得这么欢快？"

什么神经病啊。这是她男神好吧！虽然许秋白是让她生气了，但是她还是条件反射地要为男神正名，这就是深沉的爱啊。

顾家"太后"撇了撇嘴，嘀咕道："真是弄不懂现在小姑娘的审美了。竟然会喜欢有这种怪癖的男孩子。"

顾九微灵光一闪，醍醐灌顶，福至心灵，总之是突然之间就悟了。

顾家"太后"说，没有人会喜欢有穿花裙子怪癖的男孩子，那么，如果她去告诉那些喜欢着许秋白的女孩子，许秋白其实有很多很多糟糕的癖好，根本就不值得她们喜欢，那么她们会不会放弃呢？

顾九微越想越觉得可行，之前，她一心想直接攻略了许秋白这座碉堡，挫败不已。现在何不及时调整方针，将其他觊觎许秋白的竞争对手全部干掉，让备选项只剩下自己一个人，那么许秋白这个"选择性障碍综合征晚期患者"，岂不是就不用难以下决定了？

哎呀，我真是太机智了！顾九微忍不住为自己喝彩。

正所谓知己知彼，才能百战百胜。说干就干，顾九微马上整理竞争对手的资料，根据每个竞争对手的弱点，拟定作战方针。

顾九微挨着去找米朵、苏晴、安七等人，根据她们各自对男生不能忍受的习惯，各种无责任胡编乱造，力争将许秋白塑造成她们最讨厌的那一类人。最后更是将那张P的许秋白穿花裙子的照片拿出来，作为佐证。

顾九微满心以为，经过这一轮血洗，竞争对手们应该纷纷幻想破灭，黯然退出。自己趁机而入，抱得美少年归。

然而，年少时，总归是天真而无畏的，把所有的事情想得太简单，太理所当然。但是生活中，你并不是导演，并不是你安排了剧情的

你是漫长路途的一道光

走向，其他人就必须得来配合你。

所以当许秋白来找她，问她是不是很讨厌他的时候，她一下子怔住了。

怎么会这个样子呢？明明是自己喜欢的少年，却来问她，是不是讨厌他了。

"因为最近你总是在其他女孩子的面前说我的坏话，还恶意P了我的图，四处流传。这让我觉得很困扰。"许秋白低头看着顾九微，轻声说。

是该怪阳光太刺眼，还是怪风沙迷了眼？顾九微只觉得眼前一片兵荒马乱的动荡，她看着许秋白好看的嘴唇张张合合，像是在吟诵诅咒语，然后一把把锋利的剑，带着冰霜，将她的心脏一寸寸冻结。

"难道是因为上周周末，我没有陪你一起出去玩，所以你讨厌我了？"许秋白执着于追求一个答案。

顾九微怎么可能告诉他，她其实不是讨厌他，她喜欢他啊。

但是如果喜欢他，又怎么舍得在别人背后编造他那样的坏话呢？所以，终归是自己其实不懂爱吧，太自私了。

以爱为名，其实是在伤害。

顾九微扯了扯僵硬的嘴角，无声地笑了笑："是啊，总得不到你的回应，让我觉得很难堪啊。所以就小小地报复了一下呗。对不起了啊，以后不会了。不会缠着你，也不会编造你的坏话了。"

顾九微说完，转身就跑了，眼泪哗啦啦湿了整张脸，狼狈到不行。

顾九微，你可真行啊！以后你可还有什么脸面出现在许秋白面前，又有什么勇气，出现在其他同学面前呢？

5

顾九微转校了，在那件事后的第四天，转到了"顾太后"之前说的那所学校。

很长一段时间内，顾九微只要想起自己做的这些事，都抓肝挠肺，恨不得自我了结了。

究竟是有多"中二"，才会做出那些事啊？

但是夜深人静的时候，顾九微还是会想起许秋白。那个少年眉目如画，还有柔软的头发，在她见他第一次的时候，心脏里就有颗种子发了芽。

顾九微有时候会在QQ上点开与许秋白的聊天框，往往是打了几个字，又删掉，始终没有勇气点击发送。有一次，她一时手贱，无意中点进了许秋白的空间，看着右侧的最新访客记录，顾九微简直恨不得将自己的手剁了。紧接着，她做了她这辈子最不忍直视的第二件事，马不停蹄地去申请了三十个QQ，然后组队去刷许秋白的QQ空间，最终终于将自己的痕迹给顶下去了。

操作成功的那一刻，顾九微简直快要虚脱了。

其实许秋白的空间里什么都没有，他很少会进自己的空间巡视。但是顾九微就是心虚啊。

再后来，顾九微化悲愤为动力，刻苦钻研，好好学习，成了学校一颗冉冉升起的学霸。

有一次，顾九微不知是脑抽还是怎么的，莫名回到了以前的学校，然后就狗血地碰到了许秋白。

顾九微宕机十秒，赶紧为自己想了一个绝佳的借口，她是来取包裹的，呵呵，以前的朋友不知道她已经转校了，所以将东西寄到了这里的保卫科。

说完，她就拔足狂奔，刚狂奔了两秒，就被许秋白唤住了。

"保卫科不在那个方向，你跑错了。"许秋白一如既往地认真，就像是在告诉你，一道函数题解题的方向错了一般。

顾九微的脚像是被施了冻结魔法般，凝滞在空中。许久之后，她才能勉强让自己的表情不至于太狰狞，回过头来，扯着嘴角冲许秋白

你是漫长路途的一道光

笑："哎哟，你瞧瞧我这记性，实在是愧对母校对我的悉心栽培啊。"

说着，就往反方向溜。

奈何许秋白竟然还不放过她，再来一个会心一击："保卫科那里没有你的包裹，我刚刚经过那里，小黑板上没有写着你的名字。"

这个世界上为什么有这么讨厌的人啊。不知道凡事都要给别人留个台阶下吗？俗话说兔子急了还咬人呢，狗急了还跳墙呢，顾九微急了，那自然是直接将什么羞耻扔到十万八千里外，跳起来，抓住许秋白的衣领，恶狠狠道："你好好说话会死吗？"

说完就拽着许秋白，直奔市里的新华书店，呼啦啦选了一筐的书籍，全是些什么《说话的艺术》《语言的魅力》《如何与人交际》《怎样说话才让别人喜欢》，然后将书往收银台一放，拍拍手对许秋白说，不用太感激她，然后不带走一片云彩，飘然而去。

6

自从那次和许秋白交锋之后，顾九微再也没有去过以前的学校。

日子过得飞快，一年很快就过去了。

顾九微突然想起那次未能成行的西祠约会，不知是为了怀恋还是祭奠，顾九微挑了个周末，独自去了。

西祠有绵延七公里的莲花，真可谓"接天莲叶无穷碧，映日荷花别样红"。顾九微租了一条小船，往莲花深处划去。

在拨开莲叶看到那一幕的时候，顾九微整个人都呆住了。

那大概是漫画中才会有的场景吧，穿着白衬衣的纤细少年，脸上盖着一片新鲜的荷叶，只看得到他的头发，非常柔软。少年闲适地躺在小船上，躲在莲丛深处。阳光透过莲叶，打在他的身上，形成摇曳的光斑，自带一种少女漫画里的主角光环。

许秋白，他怎么会在这里？

许秋白掀开荷叶也看到了顾九微，他的表情还有些茫然，显然是刚从梦中醒来。他说他前一天突然想起，去年的时候，顾九微曾经约过他来这里，于是他就来了。醒来的时候，竟然真的就看到了顾九微，他真是开心啊。

他还说："九微，不要讨厌我了，就当我们一起来了西祠吧。"

顾九微突然就想哭，她问许秋白是不是终于意识到他是喜欢她的。许秋白说他不知道什么是喜欢，但是他想要和顾九微在一起。

顾九微手一抖，船一晃，整个人就跌到了水里，于是毫无形象地扑腾，蓦地抓住了一双手。

顾九微胡乱地擦掉脸上的水，抬头就看到许秋白担忧地看着自己。

他的瞳孔里，只有自己，至少在这一刻，只有自己。

顾九微心下一动，突然一把勾住许秋白的脖子，然后吻了上去。

或许许秋白一辈子都没法像普通人那样去喜欢一个人，那又如何呢？顾九微已经学会了去读懂独属于许秋白的温柔和喜欢，这就够了。

你是漫长路途的一道光

你听不清我的爱情

阳光逗留在他高挑的侧影上，他整个人看起来都在闪闪发亮。

那时我还不知道，这个男生就是日后以全市第一名的成绩与我成为高中同学的陈辰。我只知道，那个吐舌头做鬼脸的面容，在我的心里留下一道浅浅的光晕，弥久不散。

你听不清我的爱情

夕里雪

1. 鱿鱼丝的鸟语

"My heart beats her waves at the shore……"我把泰戈尔的《飞鸟集》藏在语文书下，轻轻地读出了声。时间是下午第二节课的尾巴，戴"酒瓶底"的数学老师依旧不厌其烦地挥舞着三角尺，午后三点的太阳斜斜地在黑板上打下大片的晕影，混沌闷热像是堵在喉咙眼发不出的尖叫。

已经睡了两节课的陈辰突然猛地抬起脸，凌乱的鸡窝头和惺忪的睡眼也掩盖不了他语气中的恶意："鱿鱼丝，你再敢在我面前念鸟语信不信我把你的书扔了！"他一边说话一边揉着眼睛，阳光透过窗棂逗留在他棱角分明的侧脸上，面颊上还有睡觉时弄出的印子，让平时那个冷言冷语的他看起来居然也有点儿可爱。

就像陈辰经常嘲笑我的那样，我一直是个没有骨气的人，还没等他把话说完已经果断将那本英文原版书塞进了背包。等到回过头带着几乎是献媚的微笑看陈辰时，他却已经不再理我，自顾自地打着哈欠在刚刚发下来的练习卷上做选择题。

于是我自嘲地耸耸肩，拿起涂卡笔无聊地在草稿纸上乱涂乱抹。

等到一整张A4的白纸都被我写满的时候，我才蓦地发现，整张纸上都被我写满了陈辰的名字。我吓了一跳，赶紧偷瞄了一眼陈辰，还好，他并没有注意到我，而是把已经写满了答案的卷子翻了个面，开始做后面的解答题。他几乎是漫不经心地扫了一眼题目，就拿起笔刷刷刷地写下一串解析公式，于是我也假装在演算，把那张写满了的草稿纸揉成一团，塞进了书桌。

也许是我弄出的动静有点儿大，正在写字的陈辰抬头看了我一眼，又扫了一眼我面前空空如也的练习卷，眼角眉梢的不屑昭然若揭："鱿鱼丝，两道解答题你用不用演算这么久？别费劲了，等一会儿写完了你抄我的。"

我对他的冷嘲热讽咬牙切齿，恨不得跳起来把他脑袋上的呆毛一根根拔光以解心头之恨，但却敢怒不敢言。因为我知道，明天的数学课上，这张弥漫着陈辰的睡意和口水味道的练习卷，又会以满分的成绩被老师当作示范答案。

2. 奇葩人人都爱他

陈辰是一朵奇葩，但是开得耀眼。

他的数学和理综成绩从来没有出过年级前三名，在省市的各种比赛中拿过无数金光闪闪的奖杯，唯独英语始终徘徊在八十分左右。而我，默默无闻的顾于斯，几乎所有的功课都在班级倒数，只因为有一个喜欢欧洲文学的老爸，让我在上小学的时候就已经背完莎士比亚的十四行诗，从高一开始就稳居班级英语第一名。班主任在高二刚开学的时候让我成了陈辰的同桌，美其名曰"互相帮助"；其实大家心里清楚得很，所谓的帮助并不是真正的互相，老师不过是希望我能让陈辰的英语成绩像他的其他功课一样耀眼，至于我的收获，并没有人关心。

可是当我从全班女生嫉恨的目光中走到陈辰的座位旁，屁股还没在板凳上坐稳，他的一句恶言相向就差点儿吓得我跌倒地上："鱿鱼丝，啊不，顾于斯，你敢跟我说鸟语试试看。"话虽如此，他却开始心安理得地抄我的英语作业，每天早上我刚刚踏进教室的门，就能看见一脸奸笑的陈辰，他一边啜着牛奶一边对我做拥抱状："英语作业，你总算来了！"薄薄的嘴唇扬起好看的弧度，眼睛弯成两道细细的桥，仿佛漏进了细碎的阳光，一如三年前我们初见时的明媚模样。

3. 初见时光

没有人知道，其实我第一次见到陈辰并不是高一开学，而是在三年前的初二。

那时陈辰的学校请到了一个英国很有名的现代诗人做交流，全市所有曾在英语竞赛中得过奖项的学生都受到了邀请。我始终记得那是个晴朗的下午，当我怀着要见到偶像的激动心情冲进陈辰的学校，正好看见传说中的诗人在篮球场上和一个男生指手画脚地说话，天气很热，那个男生拿着篮球，额头的汗珠在闪闪发亮。我听见诗人用带着浓浓伦敦腔的英语问男生艺术楼大礼堂怎么走，男生听完困惑地抓了抓耳后："Where、where什么？"诗人于是又重复了一遍，男生却依旧一脸呆萌。只见他抿着嘴想了想，突然扬起了微笑，眼睛弯成两道好看的桥，大大方方地说："喏，从这条路一直走，到前面的路口右转，经过那座小桥之后左转，绕过那栋淡黄色的教学楼，一直走到尽头。"我在不远处听着，茫然地看向男生所说的位置——明明是绿草如茵的足球场，哪里有什么大礼堂？

正当我困惑不解的时候，男生很"好心"地拍了拍诗人的肩膀："等你走到那里，估计会遇见能用英语给你指路的人。"

诗人虽然听得一头雾水，但男生的表情实在太过友善，他也只好礼节性地用英文道谢。而我在旁边，早已笑弯了腰。笑声吸引了二人的注意，诗人转过头用眼神向我询问原因，于是我将男生的话翻译给他听，诗人听了好脾气地扬了扬嘴角，指着男生说了句"bad boy"。男生见阴谋被揭穿却也不气恼，对着诗人耸耸肩便转身要去打篮球。

走两步却又回过头，对我吐了吐舌头。

阳光逗留在他高挑的侧影上，他整个人看起来都在闪闪发亮。

那时我还不知道，这个男生就是日后以全市第一名的成绩与我成为高中同学的陈辰。我只知道，那个吐舌头做鬼脸的面容，在我的心里留下一道浅浅的光晕，弥久不散。

4. 原来你不记得我

再次遇到陈辰，已经是高一开学。我按新生提示板上的信息寻找自己的教室，斜刺里一个叼着面包片的男生风风火火地冲了出来，几乎将我撞翻在地。"你怎么回事……"我半是懊恼半是好笑地开口，后半截话却卡在了喉咙里。男生含着面包含糊不清地向我道歉，我却什么都没有听到。眼前的身影与记忆中的人重合，回忆中浅浅的光晕变成了男生眼中两道璀璨的光，灼灼地刺痛了我的双目。

"你……"

还没来得及开口，他却已经急匆匆地迈开了步子："同学真不好意思，我赶时间，对不起，对不起啦！"最后一个字的尾音还未落，人已经消失在长廊的转角。熙攘的人群覆盖了他的声音，阴暗的走廊让我连他仓促的影子都来不及抓住。

是谁说过，世界上所有的相遇，都是久别重逢。

但是原来你并不记得。时光给了我再次遇见你的幸运，却没能给我被你铭记的资格。

于是当发现我们是同班同学时，我也没有惊喜；当所有的女生都开始对你的长相、成绩心潮澎湃地咬耳朵时，我也从不参与。你收到的情书一沓接着一沓，周杰伦和林夕的歌词里是昭然若揭的心意，你怎么可能去听我在广播台朗诵莎士比亚时那些含蓄的比喻；你身边花团锦簇，即使我踮起脚尖静默努力地生长，却也只是路边不起眼的小草，永远无法佩在你的襟前。

所以我不奢望。就让一切逗留在三年前的盛夏，那浅浅的光晕，足以明媚整个无聊的高中。

5.听你说要离开

不奢望并不代表对陈辰的一切行为都能熟视无睹，比如那天他突然对我说："鱿鱼丝你教我学英语好不好？"我就没控制住，惊得本来抵在手肘上的下巴"咣当"一声磕在了桌子上："你说啥？！"

"你别那么激动嘛，"陈辰有点讪讪地瞪我一眼，"我爸妈想让我出国，以我国际物理竞赛的奖项申请常青藤的奖学金应该不成问题，但是英语……"他恨恨地用笔尖戳着英语课本的封面，仿佛对它有深仇大恨。

我的心突然沉了下去，莫名其妙的失落在心底弥漫开来，居然连声音里都有轻微的颤抖："所以呢……你是不参加高考了吗？"——他说这话的时候是高三上学期刚开学，也就是说如果他决定出国，我们之间的时间已经不像我想象的那样富裕。

他丝毫没有感觉出我声音中的异样，得意地笑了："对啊，这样就可以逃过老师的碎碎念啦。"他好看的眉毛突然皱成了一团，"但是英语真的是我的软肋，所以鱿鱼丝，不，顾于斯顾大小姐你一定要帮帮我！"

日后回忆起陈辰，总想说如果当时我没有帮他多好，他过不了SAT，我们也许还有机会。"也许"，生活中多少遗憾都可以用也许来做借口，堂而皇之地掩盖住那个早已心知肚明的事实——我只是他青春中的芸芸路人之一，他的视野在我触及不到的远方，他的目光也从来不曾为我停留哪怕一秒。

所以，当我绞尽脑汁帮他讲题、矫正他的发音、忍着他的坏脾气、坚持听写他的单词时，我从来都没有想过也从来不敢想去开一次口：

"陈辰，你可不可以不走？"

6. 两次道别

当陈辰拿着他dream school的录取通知书冲到我的面前时，刚好下了入冬的第一场雪。他像个猴子一样揪着我的胳膊兴奋地上蹿下跳，我的目光却越过他的肩膀，落在窗外银装素裹的操场上。那天，我的世界也下了一场雪，雪花一片一片地落在浑浊的泥土上，冻结成冰，然后又随着时间消失不见。陈辰，那是我对你最后的执念。

为了表达谢意，陈辰请我去吃火锅。我在调料盘里加了好多据说是那家的招牌辣酱，然后一边毫不客气地大快朵颐一边流下了两行清泪。我带着鼻音对他说："陈辰，你一点儿请客的诚意都没有，这家的辣酱这么辣！你说你都要滚蛋了，还非得让我哭……"氤氲的水汽朦胧了陈辰好看的笑脸，他看起来多么像一个缥缈的梦。

现在，梦醒了。

吃完火锅，陈辰把我送到公交站，道别之后转身离开。他高大的背影被路灯无限地拉长，让我有一种伸出手就能抓到的假象。我不知道哪里来的勇气，一边喊着他的名字一边发疯地向他跑了过去。

我多想告诉他，你不知道，你曾经在我的年少时光中停留了那么久，多年前你那个不经意的坏笑填补了多少无聊的时光。即使你不会留下，但是你能不能走慢一点儿，等等我，给我一个机会让我追上你的脚步？

可是当我真正直视他的双眼，心中那一团勇气霎时烟消云散，刚才那个义无反顾的灵魂突然脱离了我的身体，我居然连一句完整的话都说不出来。支吾良久，我终于在陈辰困惑的眼神中挤出了一句话："那个……可以寄明信片给我吗？我还没有收到过国外寄来的明信片。"

"就这个要求啊，"陈辰哈哈一笑，"我还以为多大的事呢，当

你听不清我的爱情

然没问题。"说完再次朝我挥挥手说声再见，然后转身离开。

这一次，我没有再追上去。我想，嗯，足够了，起码他给了我两次道别。

7. 我所想念的

陈辰的明信片并没有寄来，而我也在高考渐渐加紧的逼仄中将这一份悸动沉在了心底。后来，顺利考上上海的大学，更改了通讯地址和联系方式，那张回忆中的明信片便更加的遥遥无期。生活就是这样，也许我们的相遇就是为了那一场两次的道别，我曾经那么拼命地想要进入他的世界，但最终还是没能留下哪怕淡淡的一个剪影。

再后来，有了自己的爱情，陈辰的模样渐渐在心底沉淀成一个模糊的印象，以至于我偶尔想起他，却怎么也想不清他的眉目。那个埋藏在角落里的秘密变成了一颗永远不会发芽的种子，固执地存在，却永远等不到属于自己的盛夏。

直到那天，我看到社交网上有高中同学转发陈辰的状态，那是他为了追求同校的一个华裔女孩儿而精心拍摄的一组照片。照片上的陈辰西装革履，时光磨砺出他的锋芒，抚平了他的青涩，让他看起来更加耀眼。陈辰在状态中写下对女孩儿告白的话：

My heart beats her waves at the shore of the world and writes upon it her signature in tears with the words, "I love thee."

我的心把她的波浪在世界的海岸上冲激／以热泪在上边写着她的题记／"我爱你。"

泰戈尔《飞鸟集》中的名句。多么讽刺，多年前的那个午后，我也曾借这句话说出对你的爱情。可是那时的你，还听不清。

于是我笑着关了电脑，假装在多年后的此刻，我并不是那么想你。

你是回忆带走的那首歌，岁月把我的声音变得沙哑，再也唱不出那时的青涩；我是被你遗忘的那本书，扉页写满了爱情的笔画，你却没有耐心读完最后一页的孤独。

后　记

　　这是一个写暗恋的故事，源于中学同学聚会上闺密聊起的话题。可能很多人都曾经在年少时光里执着地暗恋着一个人，用走廊拐角的偶遇、人群里小心地张望来满足自己可怜的奢求。经常在多年以后，我们都忘记了暗恋的那个人长什么样子，却始终记得，当年那个暗恋别人的自己，用一个名字填满一整段青春的记忆。

你听不清我的爱情

风移影动，珊珊可爱

蓝与冰

漫画里走出来的那种惹人怜爱的清俊少年

陈珊珊走出宿舍楼时就惊呆了：对面的男生宿舍竟然不见了。

同时不见的，还有路边十二棵青杨树、拐角处的商服超市和之前停在楼下的一排自行车。视野里一切熟悉的景色都换成了白茫茫、虚渺渺的一片雾色。陈珊珊用力眨了两下眼睛，怀疑自己得了白内障。而下一秒，她就兴奋地跳起来了，从小镇走出来的她还从没见过这么大而壮观的雾，空气像是满溢出的牛奶，陌生而新奇的景象让她惊喜得像是忽然穿越到了雾都伦敦，洋气的贵族范儿油然而生。

当然接下来的时间就没这么快乐了，陈珊珊本来就轻度近视，再加上这恶劣的天气情况让她一段路走得无比艰难，跌跌撞撞。当她好不容易赶到教学楼时，上课铃声刚好清脆地响了起来。

"你有没有一点儿身为学生的自觉啊？老师我一心教导你向上，一腔热血无私地灌溉到你头上，结果你就这么无组织无纪律，还把不把我这个老师放在眼里了？！"

陈珊珊挨着批，缩着脖子暗暗吐槽：老师您灌溉的不是热血而是起床气才对吧。

"像你这样的学生就不该在我们一班待着——"说到这儿，教英语的Miss刘却猛地一刹车，陈珊珊以为她急火攻心了，一抬头才看见班里有名的面瘫脸帅哥曹明亮不知何时也走进了教室，一低头声音喑哑："老师，对不起，我迟到了。"

"啊，没事，"Miss刘受宠若惊的，"曹同学那么努力肯定是学习用功起晚了，谁没迟到过呢，回去吧回去吧。"

陈珊珊当即就不乐意了，刚才看对方那架势恨不得把她绑起来示众，结果曹大帅哥一开口她态度就一百八十度态度大转变，也太为师不尊了。不过也真不怪老师这么宠着曹明亮，他成绩优异，个性沉稳，再加上干净清秀的面孔，就是漫画里走出来的那种惹人怜爱的清俊少年，当然会激起所有雌性动物的生理本能了。陈珊珊讪讪地跟在曹明亮身后往座位走，小声搭句话："你也迟到了，今天的雾气可真大啊呵呵。"

曹明亮一偏头，脸上写满了奇怪，"这，叫雾霾吧。"

有记忆以来住她家楼上的郑方旭就一直阴魂不散地和她"相爱相杀"

没想到，经济如此不发达的C城竟然也会迎来传说中的PM2.5。现在的陈珊珊恨不得穿越回去抽早上那个兴奋地放声高歌的自己，因为现在自己的嗓子已经狠狠地疼起来了。郑方旭走过来敲敲她桌子："你们女生宿舍离教学楼这么近还能迟到，你路上都干什么了？"

看陈珊珊没吭声，郑方旭以为自己把她惹生气了，凑近了去看她的表情。陈珊珊抬头瞪眼看着他，委屈地指了指自己的嗓子：我说不出话了。

不作死就不会死，在雾霾天大唱《最炫民族风》的人嗓子不哑才怪。郑方旭领着咽喉红肿的陈珊珊赶到了校医院，开了一小兜的清肺利咽冲剂和一次性口罩。往回走的一路上，他还不忘碎碎念："不是都说向阳小区风水好，怎么出了你这么一个愚笨不可及的傻子呢？人家戴口罩还来不及，你还要在那吼，真把自己当狮子王了？"

如果不是嗓子哑了，陈珊珊绝对会意气风发地回嘴吵回去。有记忆以来住她家楼上的郑方旭就一直阴魂不散地和她"相爱相杀"，他好像得了一种一天不损她就会全身溃烂而死的病，每天孜孜不倦、一丝不苟地寻找着一切吐槽的好机会，估计今天这事又会被他叨咕一礼拜了。

直到摇出了一个叫"Sunshine"的陌生人

在陈珊珊哑了的第三天，高二一班里发生了一件神秘的密室失踪事件。为了实行校园创新改革，苇中高中进行了一系列改革创新活动，设置生态箱就是其中的一项。班主任搬来了水族箱后，大家的童心都被唤醒了，一条鱼一根草地添砖加瓦，空荡荡的水族箱顿时生机盎然。一向寡言的曹明亮还把自己的宠物巴西龟从家里搬了过来，和小鱼小虾做伴。而重点就是这宝贵的"龟少爷"，忽然不见了踪影。

是值周生安小念发现的，她像现场第一发现人一样被大家围着，面色肃穆地诉说着她到了教室后就发现了乌龟不见的事实。女生们急得像自己的宠物走丢了一样，生怕曹明亮知道了花容失色、元气大伤，于是在体活课"谋划"了以集体大扫除为借口的搜查行动。身为宣传组长顺便还是曹明亮粉丝的陈珊珊无用武之地，被急着搜查暖气后的同学赶出座位，百无聊赖地缩到教室后面摇起了手机微信。

前几个都是顶着动漫头像的"阿宅"，直到摇出了一个用阳光大海做头像的叫"Sunshine"的陌生人。一看就感觉是个文艺小青年，陈珊珊实在是摇得手腕累，在对方发了"你好"之后友好地回了个笑脸。

"你是一班的陈珊珊吧？头像很漂亮。"陈珊珊的头像是那天表姐给自己画的重度烟熏妆，嘴唇抹得像吃了人似的，她实在不知道对方是怎么猜到那浓妆艳抹下的面容其实是平时还算清纯的自己的。她还没回一句"是啊"，对方就接着说："你喜欢曹明亮吗？"

陈珊珊一惊，心事被道破的感觉实在是太奇怪了，而且她在明敌在暗，连对方是谁都不知道，承认的才是白痴。

"不啊，你是谁啊？怎么会拐到那边去。"陈珊珊忽然反应过来，大学刚毕业教语文的小周老师也很喜欢在看自习时玩手机的，别被她抓住了。这么一想就够人冒冷汗了，陈珊珊赶紧表明态度："我积极向上爱好学习，才没有那些歪心思。"

"呃，我也是听别人说的。"

Sunshine接下来的一句却又让她一愣："那你喜欢郑方旭吗？"

这什么乱七八糟的，陈珊珊都想摔手机了，看样子对方只是个爱好八卦的小人罢了吧！她发了个抠鼻的表情加上"88"两个字就关网下线了。

刚把手机揣回兜里，郑方旭却正好气冲冲地走了过来，满脸正义地指着她："陈珊珊同学，大家在这辛苦扫除你却偷偷玩手机，思想觉悟怎么就这么落后呢！"

陈珊珊下意识地反驳："哪儿啊，你还真以为她们是在扫除呢？还不是为了找那只乌龟吗！"

说完这句话陈珊珊又悲又喜，喜的是自己终于又能说话了，悲的是正走进教室的曹明亮刚好听到了这句话，眉头一紧问："我的乌龟怎么了？"

原来这张冰山脸真的能有这样的神采，
他一笑仿佛阳光都在他背后疯狂地绽放

虽说曹明亮一米七八的个子，很像王力宏的脸看上去比实际年龄成熟好多，但他的心理年龄却绝对符合十六岁，在得知自己的乌龟失踪后，他本来无表情的脸上生生透出了些伤感的味道，像是遭受了巨大打击一样，坐在座位上低着头小忧伤逆流成河。惹得男神黯然神伤的陈珊珊立马成了众矢之的，大家隐隐约约的风凉话都在指责着这个多嘴婆这个长舌妇，这个群众的公敌。陈珊珊憋屈地缩在座位上想，要是大家发现那只宝贝龟现在就在自己书包里，会不会真的众志成城地杀了自己给小乌龟陪葬呢？

因为前几天迟到了，今早陈珊珊特意第一个赶到了教室，教室里没人，没事做的她去生态箱里浑水摸鱼，将小乌龟捞出来逗弄，可骄傲的小乌龟却一点儿反应都没有，明明往常还会娇羞地缩缩脖子的。陈珊珊吓了一跳，以为小龟不甘被调戏咬舌自尽了，等了十分钟还没见它动一下，听到走廊里有人来了，怕被误会自己是杀龟凶手才撕了卫生纸包起小龟塞进书包，"毁尸灭迹"。

郑方旭虽然一遇上陈珊珊就尜毛，但还是颇有威严的一班班长，了解了班里骚乱的真相后他上讲台一拍桌子说："大家都冷静冷静，乌龟不会飞也不可能基因突变成忍者神龟，它肯定还在教室里哪个地方。体活课也结束了，今天咱们就先到这吧，一会儿放学我再仔细找找看，咱们活要见龟，死要见尸！"

第二天，陈珊珊赶到教室时人已经聚了一堆了。女生们为曹帅丢失的乌龟担心得夜不能寐，正围在一起接着讨论。陈珊珊心一横，装作若无其事地掏出小乌龟扔进了水族箱里。

一龟激起千层浪，面对层层逼问陈珊珊只好解释："小龟可能是到了叛逆期离家出走了，我上学时看见它在教室外遛弯忙去抓住它给送了回来。"

说到这时曹明亮已经到了班里，看到小龟又出现了，惊喜显于眉梢，对着陈珊珊很温柔地笑了："啊，谢谢你啊。"

大家像被雷击一样，都被他的会心一笑电到了。原来这张冰山脸真的能有这样的神采，他一笑仿佛阳光都在他背后疯狂地绽放，还真对得起他那名字。

当时我就觉得女生实在是一种太可怕的生物了，
但你不太一样

自从陈珊珊把曹明亮的乌龟送回来之后，他对她的好感度明显上升了好几个百分点，对别的女生视而不见，但见到陈珊珊都会点头问个好。数学课被叫上台的陈珊珊百思不得其解时他会小声告诉她答案，甚至英语课上Miss刘布置作业让男女生二人搭配着给电影配音练口语的任务时，曹明亮还主动提出来："那我和陈珊珊一组好了。"

"我也奇怪你是用什么手段让三无状态的他变性的。"郑方旭插着胳膊问，陈珊珊回嘴："那叫性情大变，语文不好就请不要自己浓缩词语好不好！"

"你也知道文化的重要性啊？不专心学习当心我回去告诉你爸爸！"

"你去啊，我家一向是母系氏族，他能奈我何？阿姨的电话我倒是有，要不要现在打给她？"

本来的聊天就这么变成了两个人一直以来的小学生等级吵嘴，陈珊珊天生伶牙俐齿，听说为了吵过她郑方旭还曾特意去上了半年的少年相声班，练就了一副利索嘴皮子。直到他们互相把幼儿园时的蠢事都给揭露出来之后才反应过来，刚才围着的女生们早就被他俩烦得四散了。

摇到了Sunshine之后，他就喜欢没事给陈珊珊转发分享些冷笑话、小美文什么的。虽然往往得不到什么回复，他却还自得其乐，像个被同伴嫌弃了却还不自知的天然呆。Sunshine说："其实早就想好好和你说说话了，可不知为什么每次看到你都控制不好自己，说不好话，所以想着还是这样每天能让你开心一下就好了。"

虽然不知道这个八卦低幼、自娱自乐的家伙究竟是谁，但被人关心着的感觉还不算坏。

Miss刘的英语课刚刚结束，曹明亮胳膊肘抵着桌子插着双手眯眼笑："老实说，我小时候住的小区里阴气特重，清一色的女生，从小我就被她们拉着扎小辫儿、跳皮筋，还动不动就涕泪交加、河东狮吼的，当时我就觉得女生实在是一种太可怕的生物了，但你不太一样。"

语文老师讲过这叫铺垫，曹明亮是在用悲惨的童年阴影来衬托自己的平易近人，最后一句一过渡，接下来的话语一定就会出现转折升华了！陈珊珊兴奋得脸通红，默念着来嘛，不要害羞。

曹明亮嘴角一勾："和你在一起一点儿紧张感都没有，感觉你根本不像个女生啊。还能好心地帮我找到小龟，真是个好女孩儿。"

这一番话听得陈珊珊透心凉心飞扬的，原来在他的眼里自己根本不算个女生啊！如果说女汉子听起来还有点儿可爱，那女老汉该是个多么可怕的称谓啊！但这时候的陈珊珊好歹还能勉强地挤个笑脸，而曹明亮接下来的话就足够她羞愧得想自挂东南枝了。

还记得你考试睡觉口水流成河时趴的桌子吧

曹明亮说，他对她的第一印象就是在上学期期末那次分班考场上。

自打进了高中，陈珊珊就立志在这片小天地里发展自己的事业、自己的爱情，而在开学的第一天，她就锁定了目标。高分录入的曹明亮作为学生代表上台发言，白色小西装在阳光下一站，精神得像那哨所旁的小白杨。那之后陈珊珊就偷偷玩命地背书做题泡图书馆，说什么也想考到曹明亮所在的重点班一班去更接近他一点儿。成绩优异的郑方旭就被她用零食和饭票诱惑出来，每天陪她探讨偶函数抛物线。

这样努力的结果让她成功地从学渣晋级为学霸，顶着一双熊猫眼在分班考试的考场上答完最后一科语文后，她就心力交瘁、油尽灯枯地扔下笔趴桌睡着了。

就在陈珊珊睡着的半小时内，她的口水犹如滔滔江水一发不可收，等到老师摇醒她时，半张卷子都变得湿漉漉的。陈珊珊用胳膊蹭着嘴角羞愧地环视了一圈，惊鸿一瞥才心跳如雷，自己憧憬的曹明亮竟然就坐在自己的右后方，正若有所思地望着这边，表情似笑非笑。

那之后的陈珊珊一直在心里暗示自己没关系的，曹明亮没准是在想"晚上吃什么好呢"才露出那迷离的眼神的，绝对不会注意到自己和自己的口水的！

而现在，曹明亮就坐在她对面，弯着眼睛笑："还记得你考试睡觉口水流成河时趴的桌子吧，那是我的桌子。"

陈珊珊羞愧得无地自容，脑袋快埋进胸口了。好不容易考进了他在的班级和他有了交集，哪知道在心上人眼里，自己的第一印象早就被毁得一塌糊涂了。就像是千里迢迢整容后期待地回到心爱的人身边，结果人家一句："你穿上马甲我照样认识你。"这打击沉重得可不是说说而已啊。

陈珊珊给Sunshine发消息："我失恋了。"

那边半天回复了一句："真的吗？"

陈珊珊回："嗯，我决定不再喜欢他了。"

Sunshine说："那好啊，我终于有机会了。"

陈珊珊一激动，看，还有人要我吧。结果Sunshine接着说："现在去把语文书翻到第一百零二页吧。"

果真是老师卧底啊！陈珊珊手一哆嗦，脸都吓白了，还好自己暴露得不多，果断删号。在现实和网络世界遭受双重打击，苍天可真是爱捉弄人啊。

陈珊珊狠命摇头，幸福感像融化的酥油一样包围了她

他们在探讨英语课上的配音作业。陈珊珊在一旁情绪低落地说完自己的台词，想着之后缘分就真的尽了，再见了最爱的人啊，你是我所有快乐和悲伤的源泉，失落得结束时台词纸都没收就回到了座位。坐在她身后的郑方旭感觉不太对劲，小声问："哎，傻子，你怎么了？"

陈珊珊摇摇头，此时无声胜有声。

下课时陈珊珊走到郑方旭的座位前，郁闷地说："我失恋了。"

郑方旭沉默了一会儿问："真的吗？"

"嗯，我决定不再喜欢他了。"边说陈珊珊边奇怪，怎么感觉好像这种事以前也发生过似的。

等她意识到时已经晚了。得到了陈珊珊亲口确认的郑方旭站起来，气沉丹田，吼了一声："陈珊珊说她不再喜欢曹明亮了！"

这家伙可真是不折磨陈珊珊会死啊。众生嬉笑调侃，陈珊珊脸红而缩，曹明亮终于坐不住了："那就换我来喜欢你吧！"

啊——这反转来得太及时了。

陈珊珊哭了，曹明亮当众表完白后她就抽抽搭搭地哭了。郑方旭一脸的震惊，不等他缓回来，曹明亮就拽着陈珊珊跑出了教室，一直到了走廊尽头陈珊珊还是在哭。曹明亮弯下身子委屈地看着她："怎么哭成这样，讨厌我也别这么明显啊。"

"我才，才没讨厌你，我就是……太激动了。你怎么会喜欢我呀？"

曹明亮说："我也不知道，总之那天大家都埋头做卷子，就你一个睡得那么香，当时我就觉得你很有趣了。对不起我天生有个毛病，在紧张时控制不好自己，组织不好语言总说错话，你不会嫌弃我这一点吧？"

陈珊珊狠命摇头，幸福感像融化的酥油一样包围了她，她当即就想冲到操场跑个十大圈。

"之前我看你和郑方旭那么亲密，还以为你喜欢他，所以一直没敢表白。"

"哪有，他是真心鄙视我，我们俩每天都恨不得咬死对方的。"陈珊珊抽抽鼻子捂住眼睛说，"怎么办，我兴奋得想晕倒了。"

"那就晕吧，"曹帅的眼睛明明亮，"我接着你。"

三五之夜，明月半墙，桂影斑驳，风移影动，珊珊可爱

每个人都有点儿特别的小癖好，连天才也不例外。爱因斯坦不爱穿袜子，达·芬奇每天只睡两小时，所以他曹明亮在看到陈珊珊的口水染湿了卷子半壁江山时忽然被戳中萌点也不算奇怪吧。

是的，曹明亮对她的喜欢绝对不输给陈珊珊，雾霾那天他模模糊糊地看见了陈珊珊就开心地跟在她身后，因为不想打扰她唱歌就听了一路也没打招呼；体活课上看到她在摇手机就也赶到教室门外疯狂地摇了起来，害别人以为他感染了帕金森综合征，还在看到她说不喜欢自己后失落了小半天；而在陈珊珊找回小乌龟后，曹明亮更是开心得觉得终于有了机会，能来接近她跟她好好说说话了。

而自认前途茫茫、一片迷惑的陈珊珊还不知道，守望的目标其实早已偷偷地跟在自己身后了。恋爱中的少女就是应该这样扬起自信的笑脸，喜欢一个人是一种很积极美好的情感，会给人源源不竭的勇气和力量。只要努力争取，世界都会是你的。

被幸福砸晕了的陈珊珊也在睡前翻开语文书看了一眼，一百零二页是归有光的散文《项脊轩志》，自己语文书上不知什么时候被人偷偷画了横线的那句话是"三五之夜，明月半墙，桂影斑驳，风移影动，珊珊可爱。"

从此南方无故人

　　拿到录取通知书的时候，林洛薇心底忽然有些细微的难过，在准备迎接新生活的同时，也注定要跟过去的人和事作别，比如周翔。

　　好在白羽菲要出国的消息让林洛薇稍微松了一口气。也许，她跟周翔之间，还会有故事发生。

女 汉 子 病

亚小诗

1

阿汤是我的第一任室友，我俩曾经合租了一个两室一厅的房子，准确地说，是我租了一个房子，分租了一个次卧给他，因为我霸占了整个客厅。

我大二的时候就搬出去住了，小小的宿舍容不下我的事业，准确说来，是我跟室友处不来，便以开淘宝店寝室堆不下货为由，淡出是非圈，搬离了寝室。

怎么个处不来？请允许我简单介绍一下我的三位室友：室友A平常在寝室轻轻松松能给饮水机换桶水，在男生面前连饮料瓶都扭不开，在纯女生的环境下她还比较正常，男生出现她便会一秒钟变"软妹"；室友B家境一般，衣服、鞋子却特别多，她吃得像乞丐，穿得像女王，不参加任何可能花钱的活动，为的就是每天一套可以一个月不重复的漂亮衣服；室友C爱拍照，摆拍按快门无数次，选出一张好的照片，美图秀秀十分钟，发到社交网络还得附上一句"朋友偷拍我的囧照"……她们"令人发指"的习惯远远不止这些，我必须逃离这样一个连空气都矫情的环境。

再说到我租的房子，条件还算不错，离学校近、楼层低、价格合适，只是最小的户型也是两室一厅，我只好硬着头皮租下，然后在网上诚招室友。

2

看到网络上的各种合租信息，觉得真好玩，所有的女生求合租都会注明"限女生，正当职业"，甚至有的还提出类似"文科""会做饭"等要求，可是男生的求租就简单多了，"男女不限，价格面议"一句话搞定。为了表示我的女汉子立场，我的求租信息没限男女。第一个联系我的就是阿汤。我爽快地答应了他，说你随时可以搬过来，他却顾虑很多地问东问西，要看看房再决定。

看就看呗，第二天他就找上门来了。他本人没我想象的那么怂，不算矮，不算丑，穷不穷我就不清楚了。他今年刚从某工科学校毕业，学的是建筑专业，现在在附近实习，我很想问哪个工地，怕他拿砖拍我，便作罢。

果不其然，他被我客厅堆的货吓到了，瞠目结舌的站在门口，那时我正忙着应付十万个为什么的纠结买家，无暇搭理他，让他自己随便参观。他一脸嫌弃地，艰难寻找着走向卧室的落脚点，很快就参观完了，看他的表情似乎正要婉拒我。

我赶忙抛出诱人的条件，"我东西是多了些，我可以出三分之二的房租，你考虑一下。"

他收起略嫌弃的表情，几乎不加思考地答应了我，并于当天下午就搬进来了。他的举动立刻让我把之前不矮不丑后面不穷的猜测打消。

他东西很少，一个箱子和一包被子，上楼的时候我给他搭了把手，他说妹子你力气挺大，我说嗯，快递哥也这么说。

每次快递哥上门取货时，我都尽量让他们不用上两次楼梯，帮忙一起分担些包裹，他们总夸我力气大，是条汉子。

从此南方无故人

不过，虽然我是条女汉子，好歹也男女有别，有些话还是要说在前头，"你可以带女朋友回来住，但请你们动静小些，这是对我的尊重；你可以玩游戏，但请你敲击键盘别太大声，别怪叫，记得戴好耳机；你可以晚归，请一定记得带钥匙，我每晚应付淘宝顾客到很晚，好不容易睡下，绝对不会起来给你开门的。"

"哦，都不是问题，我没有女朋友，不会玩游戏，没有夜生活。"

就这样，我和我的"三无"室友阿汤，开始了和谐的"同居"生活。他真的属于那种作息很规律、生活简朴、作风检点、不抽烟不喝酒、没有怪癖好的人。作为男人，他也许有些无趣，可作为像空气一样的存在，又能跟我分担房费的室友，我必须给他打一百分！

3

我平常基本是吃盒饭，这样能保证我最大时间限度地在线，阿汤单位有工作餐，不用自己操心。我们偶尔一起外出改善伙食，晚上忙累了一起去吃点儿烧烤。周末，我总蛊惑他一起去吃自助餐，我喜欢吃自助餐，可从不一个人去吃，因为一个人面前一堆盘子有些丢脸，也怕一个人吃撑了回不了家。

我这人，许多事都喜欢分得清清楚楚，只是一起吃饭，我又不是你的谁，只是个饭友关系，买单必然是各付各的，你用不上为了所谓的面子非抢着付钱，那样活得多累啊！

就这样，我每次都会当着服务员的面，掏出一半的饭钱，哪怕五毛我都不会少他的。阿汤前几次都执意要自己出，后来拗不过我，也只能作罢，但明显看得出，他对此并不爽快。

又是一个熬夜招待淘宝顾客的夜晚，肚子好饿，"阿汤，一起去吃烧烤不？"我对着卧室喊，我知道他还没睡，门缝里还透着灯光，他大概还在画建筑图纸，没回我。我加大分贝地把话重复了一次。"不去。"他斩钉截铁。他这种软绵绵的性格，好少拒绝别人的，莫非是因为AA制让他在服务员面前丢脸，他不开心了？

"哎，阿汤，去啦，这样好不好，在那里你先出钱，回来我再跟你AA。"

"我虽然穷，但也不是个抠门的人，你为何次次把账算这么清楚？"

"没有针对你啊，我对每个人都这样，我觉得男女平等啊，为什么一定要男生买单？别说你只是我的合租室友，哪怕你是我男朋友，我也会跟你算清楚的。我又不是没有收入，干吗要做吃软饭的，这样自立自强，我觉得很好啊，才看不惯那些老花男人钱的女生……"

我就这样隔着门，跟他絮絮叨叨说了一堆，都怀疑他已经睡着了。过了一会儿，门里才出来一句话："天天说别人女神病的女生，自己往往有女汉子病，难怪你一直找不到男朋友。"

这句话彻底激怒了我，我起身拿了件外套，"哐"的一声关门出去，不吃拉倒，我自己去。

4

在夜宵摊坐下，越想越气，拿起菜单一阵乱点，点的烧烤价钱我在淘宝前熬两个整满夜也赚不来，管他呢，心情不好的时候，就要对自己的胃好一些。

搞不懂那些为了瘦为了美不吃不喝的人，心情好要吃好的庆祝，心情不好要对自己的胃好一点儿，有美食可以吃，还有什么不愉快的。

夜宵摊老板一改往日爱理不理的态度，果真是势利眼，她大概以为我捡到钱了。菜上齐后，我开始后悔了，真的是太多了，这又不是自助餐，为什么要跟自己口袋里的钱过不去？出于省钱打算，又觉得一个人吃起来凄凉，我拿出手机，厚着脸皮拨通了阿汤的电话。

他说不饿，在忙。这人真是奇怪，女孩儿主动给台阶下，还摆出爱理不理的样子，也难怪他没有女朋友。这个时候我也许应该很有骨气地挂掉电话，可是看着一桌即将浪费的食物，我很没出息地再次邀请他，这次我的理由很充分，"你来救一下我吧，我出门太急，没带钱包。"

他果然不是个铁石心肠的人，送来了钱，并且帮我消灭了食物，他简直是个移动的"饭桶"。这一次，我没有提出要AA，给他留些面子，他很爽快地付了钱，走的时候，老板还挥手告别，说着帅哥美女走好，下次再来。哎，我这种人，也就只有在消费的时候，才会被叫作美女。

5

那餐夜宵吃了阿汤好几百大洋，我心里过意不去，可是AA的事他很在意，又不好塞钱给他，我想了想，想出个法子。

天冷了，感觉他弱不禁风的，我给他买了一套保暖内衣，以去送温暖之名行还钱之实。他倒也没多想，道了谢就拆开衣服拿去洗了，真是一点儿也不客气啊。

后来，在共同吃饭这件事上，我们变得默契，吃饭钱都归他付，而添置家用的一些公共用品，都是我主动揽着来买，两个人就像过家家一样，还算和睦。

这一天，他接到家里电话，开始焦躁不安。我问怎么了。

"我妈要来北京看我。"

"哦，来就来呗，怎么了？"

"可她不知道我的室友是个女生。"

"没事啊，都说我是女汉子了嘛，你告诉她就行了，没多大事儿的。"

"不不，你不理解，我妈是老实的农家人，她会觉得男女住一起是一件很大的事，我想去同事合租的房子里待几天应付老妈，你能不能配合一下？"

"你搬走，要我配合什么啊？要帮忙搬行李下楼吗？没问题的。"

"不是，我就是想，能不能换个人来住我的房间？因为同事合租的房子没有空房了，到时候我妈来了，我跟一个同事住一间，我妈住一间，而多出来的那个同事，让他来这里住我的房间，也就是给你换个室友，就几天，他人不错，相处下来应该没问题的。"

听他言真意切的，我也就答应了。隔天早上，他就领着同事来了，他同事的装扮跟他有点儿像，我调侃起来，"嘿嘿，果然是，高富帅各有不同，矮穷矬大多相似啊。"阿汤憨憨地笑了起来，他的同事却尴尬得满脸黑线，大概，阿汤已经习惯了我的戏谑，而别人对这么直白的评价会有些接受不了吧。

男生就是男生，没啥行李，一个电脑包一点儿衣服就是全部家当。这个哥们儿感觉还没长大，羞涩、爱网游，白天西装革履上班，回来换上宽松家居服就开始闷在房里玩游戏，跟我几乎没交流，以至于我现在早已忘记他的名字。

这倒让我有些想念阿汤。三天后，阿汤终于被换回来了，他问我没他习惯不，我说，"你又不给我洗袜子，有啥习惯不习惯的。"

6

在几个月的相处后，我成功地把阿汤忽悠成我的二号客服和搬货马仔。有时候，他下班早，帮我搬货下楼；有时候我不在电脑前，淘宝消息一响，他也赶紧帮我，"亲，在的，有什么需要吗？"像模像样地接客。当然，他做的一切都是零报酬的，我要的必须是只干活不吃饭的那种朋友，哈哈。

我们有时也一起看看电视，还记得在看到一则当地血库告急的新闻后，我俩不约而同地提出要去献血。我热血沸腾地跑到房间里翻出了我的献血本，说现在就出门吧，快拿上你的献血本，他说我没有献血本哦，现在先别走，一定要吃完午饭再去。

"为什么啊？"

"因为……我之前没献过，因为体重不合格，我不到一百斤，中午多吃些，就够了。"

"不是吧你，一个大老爷们儿还没一百斤，我都有了！"

果不其然的，我们中午去吃了自助餐，阿汤吃成了"啤酒肚"出来，我扶着他，好怕他走到献血车之前吐了，那样就前功尽弃了。可是，我们居然也忘记一件很常识的事情，献血车前根本没有体重秤啊，只是稍微目测合格就可以了，哈哈，阿汤这个大笨蛋。

在填写表格的时候，阿汤瞄了瞄我填的，看到我刚刚在病史一栏填的"无"，他笑了笑，"别隐瞒了，你不是有女汉子病吗？你此处应该写，女汉子病，已放弃治疗，哈哈！"

"死去吧你，你撑饱了才有一百斤的事实，需要我供出来吗？"

一旁的护士听到我俩的对话，捂着嘴笑了。

献完血，护士让我们挑点儿纪念品，我笑嘻嘻地掏出小本子，说："我喜欢那个手表，那个需要献血两次才可以拿，现在终于集满两朵小红花来召唤神龙了，嘿嘿。"

阿汤对我的幼稚行径表示不可理解，戏谑我说："为了个手表，献这么多血，你真是。"

"怎么啦？我乐意，我们女生每个月都'献血'的，习惯了。"

阿汤对我彻底无语。

回到家，上了三楼后，阿汤挺正常，我开始有点儿不舒服，阿汤扶我到房间里躺着，在我迷迷糊糊要睡着时，隐约感觉到他出门了。等我醒来，屋里有香味，循着香味找去，从来没用过的炖锅里，居然炖着鸡汤，天啊，阿汤居然会煲汤。

他笑笑说："小意思啦，不看人家姓什么。"

我俩一餐干掉了整只鸡，摸着饱饱的肚子看着电视，我的心里和胃里都是满的。

不久后的一天，阿汤神秘兮兮地告诉我一个好消息，单位给他分房了，八十多平方米呢，他长舒一口气，"终于在北京站住脚了。"

我却高兴不起来，想到曾经一个锅里吃饭的人，现在人家突然成了京城的有房一族，我瞬间觉得我们差距太大，不能再在一起玩耍了。

阿汤也没有任何煽情，大概在他眼里，女汉子是不需要煽情的。第二天，我送走了阿汤，我说需要送到新家吗，他说不用，目送下楼就足够了。

我继续登录从前的网站，把当时发布的租房信息再找出来，复制着又发了一遍，然后看着空荡的原本是阿汤的房间，发起了呆。

阿汤治好了一点儿我的女汉子病，在我觉得生活也需要人帮助的时候，他又离开了我的生活，有一点儿过分呢。

7

我的第二任室友，叫大冰，是某个沿海大城市来的富二代，我没开玩笑，真是个富二代，他说他独闯北京是想不靠家业，要靠自己双手来收获。可观察他的种种，我觉得他顶多只是想过过我这种平民的生活，然后再利用父辈的家业从我这儿走出去，摇身一变成为平民窟的百万富翁的调皮公子哥。

大冰没有什么擅长的技能，学历也不是很拿得出手，却有着一堆天花乱坠的想法，一起步就想进大的策划公司，投了无数简历，全部石沉大海，后来困于空闲，靠着长得还不错，在一家不知名的公司卖起了保险。我说你真甘心干这个？他说我体验生活呢。公子哥就是好，但凡做了掉价的事情，都可以用"我希望世界和平"的口气说上一句为了体验生活。

上班第一天，大冰出门前问我他的打扮合不合适。我瞅了瞅，觉得有些怪，"似乎太正式了，你个卖保险的，穿这么高端干吗？我告诉你，卖保险的就别打领带。"他问："为什么？"我说："不知道，印象中他们都不打领带，大致是，每天东西走地跑业务，领带会勒着，热。"我随意的调侃居然真的让他把领带卸了下来，然后一身亮闪闪地出门了。

大冰晚上回来时，一副不开心的样子，一猜就知道业务差，我还是装模作样地关心了他一下。原来是工作遭到了同事排挤，因为他不仅业务一窍不通没耐心，而且穿的西装是世界名牌，比客户的衣服还好，让客户浑身不自在。看着沮丧的他，我说："没事，我来帮你。"当天晚上我就带他去逛了当地有名的杀价市场，就是外套开价一千二，最后八十买回家的那种，我带着他从头到脚捯饬了一身，斥了二百巨资。

第二天他好不情愿地穿着他自我感觉很掉价的新衣服出门了，果不其然，他的职场因为穿对了衣服而顺利许多。可是，即便工作变得顺利，在十几天后，他还是辞去了工作，他说没意思，这跟他想的不一样。我问接下来干吗，他说突然好想回家，然后他就上网买了机票，隔天回了家。

跟我合租的话，我是很随意的，任何合同也不签，也不要押金，每个月的开始给钱就行，他只住了一个月零几天就走了，他离开的时候，已经交好了下个月的房租，我说："我退些给你吧。"他说："不用，没多少，你留着吧，你挣钱不容易。"就这样他走了，走的时候头也没回，我告诉他怎样转地铁再转机场大巴，他说："好麻烦哦，我打车好了。"

他走了，即便北京之行一无所获，他依然带着笑，因为他体验到了想体验的平民生活，可以放在社交网络上的励志北漂也有了，周围人对富二代自我探索的褒奖还有家人对他懂事了的赞许都足够了，尽管，他卖出的几份小保险，也只够他一天的饭钱。

8

第三任室友，我连名字都记不起了，因为他住的时间实在是太短。他因为跟女友分手而搬出原来的住所，没多久又因为跟女友复合而搬回去，由于只住了几天，我一分钱没收他的，毕竟，相爱的人再聚首，总归是要祝福的。我说："这几天的房租，当是你们以后结婚我随的礼好了。"

第四任是个看着三十多岁，实际上二十六岁的大叔哥哥，家里有老婆有孩子，带着"北京工作"的光环其实过着搬砖一般的苦生活，他同样没有住满一个月，他天天跟我探讨到底是当鸡头还是当凤尾的老掉牙的工作话题，我说凤尾的各种好，他说着鸡头的优势清单，最终他搬走了，是的，他选择回小城市去做鸡头。我没再表态，不为什么，我不爱吃鸡头。

9

第五任终于来了个女生，她的行李很多，我勉强地分了一点儿客厅的位置给她，她的到来，让我想起，哦，原来我也是个女的这件事情。

姑娘叫惠子，已经工作两年了，可居然还小我半岁，她是职业高中毕业的，学的是美容美发，在附近的某家小化妆品店上班，是个导购。虽然惠子比我小，可看我还是个学生，并没有对我太客气，更别说叫个姐姐了，从来是直呼我的姓名。她之所以选择跟我合租，只是因为我是网上她看到的信息中，唯一一个写着"男女不限"的女租客，觉得我会是个可以保护她的女汉子。事实上，我的确是这样的。

别看惠子年纪小，却深谙世故，打起电话来您啊您的一套套，哪怕是编写一条短信，她都要从头到尾读两遍再发送，对待上司甚至对待同事，她都像黛玉进贾府似的，不敢说错一句话走错一步路。我说，你这样活着好累哦，惠子语重心长地告诉我，她的工作环境几乎全是女的，女的心眼多，容易出乱子。她工作上的不如意，只跟家人或者我唠一点儿，从来不跟同事交流，因为我们这些人是她工作圈的绝缘体，同事间人前微笑、人后吐槽的事被传出去的话会出大事的，毕竟坏话会长脚，还会跑着跑着穿上外套。

有一天，惠子说要在我的货物里面借件漂亮外套去参加某个重要活动，我没多想，答应了，说你小心着点儿别弄脏，吊牌藏衣服里别拆，她也痛快同意。我本以为这只是个举手之劳的帮忙，可是接下来的事情让我略微不爽，她开始肆虐地把我的用来卖的新衣服穿出门，穿了一天半天的又给我塞回去，她说没事的，我没有弄脏啊，她很圆滑地在我生气前夸了我一句，有你这样的室友真好，又大方又会挑衣服，让我穿漂亮衣服出门还不用花钱，嘿嘿。

她的"嘿嘿"让我感到毛骨悚然，我感觉她会是个无底洞，而且，从买家的角度出发，我才不要买别人穿过的衣服。

不仅如此，惠子还有各种贪便宜的坏习惯，诸如不打招呼地喝我冰箱里的饮料，挤我卫生间的牙膏，虽然是鸡毛蒜皮的小事，但足见一个人的人品。我越发觉得我只适合跟男性合租，男人比较豪爽，不会动这些小心思，更或者说，男生没头没脑，他们犯的一些小错误，会让我比较容易原谅。

我无法忍受了，我得让她离开。可我无法直说，她的小毛病似乎也不足以成为当面赶她出去的理由，我无比沮丧，找阿汤聊了聊。

阿汤说："这好办啊，找个让她可以接受的理由让她走啊。比如，找个人扮演一下你的男朋友，就说男朋友要搬过来一起住，而男朋友的工作环境要安静，他需要一个单独的房间，这样的理由应该说得过去。她要是还不愿意，你可以把当月房租退给她。"

我觉得这办法还不错，阿汤便理所应当地扮演了这个男朋友的角色，并成功地将惠子请走。她也没有提出退房租之类的要求，出于愧疚，我从我的货物里，挑出两件衣服送她，并帮忙将她的大包小包搬到楼下。

10

送走惠子的那晚，我一个人坐在客厅里，突然觉得好空荡、好苦闷。我抬头看了看这简单的小房子，我的租客来来走走，只有我像士兵一样驻守在这里，再没有一个室友能像阿汤那样让人如意，短期内，也不想再接触新的同伴了。就一个人住着吧，反正进进出出的，房租都没收到什么，还不如一个人住得自在。

突然好想给阿汤打电话，他会不会像我半夜接到电话的状态一样，骂人神经病呢？不管了，我拨通了他的号码。

接通了，电话那头他的声音没有听出不耐烦的意味，他问我是不是怕黑，我说不会啊，女汉子不会怕黑的，只是室友进进出出，都没有人像你一样不让人讨厌。他笑了，说时间也不是很晚，出门吃夜宵吧，他请客。我满口答应，问哪里见面，他说让我在家里等，他打车过来，女孩子半夜一个人出门不安全。

这句话让我觉得好暖心，自己终于被当作女孩子了，挂了电话，我安心地在客厅里等待着，也许是太安心了，不留神就睡着了，直到被阿汤的敲门声吵醒。见到睡眼蒙眬、精神恍惚的我，他问可以出门了吗？可此时的我，一心只想睡觉，哪里也不想去，我说不去吃夜宵了，我要睡觉，只想睡觉。

他无奈地看着我，说："好吧，那我走了。"他转身要走的时候，我叫住了他，"好久没一个人住整间屋子了，你留下来吧，给你找干净的被单，你还睡以前的房间。"阿汤同意了。

我迷迷糊糊地从柜子里拿出床单，铺床的时候，一不小心，就倒在床上睡着了，何止是睡着，简直是不省人事。

105

从此南方无故人

早上醒来，觉得脖子疼，因为我是趴着睡的，我拍打着脖子走向洗手间，被眼前的一幕惊呆了，阿汤缩在沙发上睡着了，姿势扭曲，一看就让人觉得睡的不舒服。我把他叫醒，问为啥在这儿睡。

他说："你昨晚一副什么都想不起来的表情，去给我铺床，然后就倒我床上睡着了。你一个人怕，我又不好回家，也不好睡你房间的床，就将就着在你沙发上过了。"阿汤讲完，看看手表，"哦，时间不早了，我得去上班了。你今天别再翘课了，有课就去上，没课就好好看店。我走了，今晚要是还怕的话，给我打电话。"

阿汤走了，关门的声音都跟别人不一样，仿佛格外温柔，我突然觉得他变帅了，是那种帅到骨子里的帅。

第二天，我没有给他打电话，但在下班时间，他绕路来到我这儿坐了坐，手里拎着菜，说我最近憔悴得不像样，一点儿都不汉子了，要烧点儿好的给我补补。我吃饱了就困了，倒床睡着了他才走。

第三天是周末，门被敲响。

11

我打开门，阿汤拎着箱子站在我面前，他说："不放心你，我打算搬回来住了。"

我被他的举动惊呆了，"啊？你单位的房子怎么办？"

"没事，我已经把它租出去了，租金还算丰厚，租你这儿还可以赚点儿差价。"

"可是，我有什么好不放心的，你干吗搬回来啊？"

"因为，"阿汤憨憨地停顿了一下，"因为，唯有好姑娘与梦想不可辜负啊。"

我笑了，"你说错了吧，应该是，唯有女汉子与梦想不可辜负。"

懒虫的逆袭

汐小空

1

我觉得我上辈子一定是只懒虫。

因为我已经懒到一定境界了。只要不出门，我就绝对不会拾掇我那草棚一样的头发；能躺着就绝不坐着，能坐着就绝不站着；如果我想吃的东西距离我一个手臂之远，我就绝对不会站起身子去拿……

当然，这些只是小小的一部分，有时候甚至觉得我自己都懒成精了呢。明明家里有食物，但就是不想自己动手，于是导致连着饿了三天面黄肌瘦地去上课。

以上这些都是我活了十七年的感想，但是我从来没想到有一天，我的世界会出现天翻地覆的变化——

我的懒虫真的成精了。

望着眼前黄金身材比例的少年，他抬了抬线条勾勒完美的下巴，指着我的桌上堆积如山的作业本如是说道："今天还想着拷贝别人的作业，那就预备擦地板十遍，有一根头发就不允许睡觉，直到擦干净为止。"

"你、你是谁！"我仰着头吃惊地看着眼前的人。

在他出现的前一秒，我还在犹豫今天要不要写作业。虽然那些作业对我来说都是普遍在会与不会之间：会做的题目嫌它太简单，完全不想自己动手，不会做的题目就更加不想去动它分毫啦！

正在我预备上床安安稳稳地睡个好觉之时，眼前突然黑了一下，额头上"嘎嘣"一下吃了一个脑瓜子，"又想着去睡觉，如果有比懒大赛，你都能获得全球第一了吧！"

我还在为这个荣誉洋洋得意的时候，这家伙已经从桌子上跳了下来，一把把我从床上拽了下去，匍匐在写字台上，"我已经快忍受不了你了，你再这样我要离家出走！"

咦，离家出走？这家伙到底是谁！

不过对方显然知道我在想什么，他翻了翻白眼，无比嘲讽地告诉我事实的真相，"我是你的懒虫，你已经超越太多人，连懒虫都成精了。"

我的懒虫？我盯了对方帅气无比的脸半分钟，我的懒虫怎么可能这么高这么大这么美形还这么会说人话！

骗子！

我跟着他翻了个白眼，"我才不信！你是不是妈妈从哪里喊来的私人家教？"

少年挤了挤眉头，似乎有点儿招架不住我的愚蠢，"水明明，哪个家教深更半夜会突然出现在你面前？如果不是你今晚不想做作业，我都懒得出来。"说到最后的时候，这家伙竟然咬咬牙，似乎想把我生吞活剥。

想想对方所说的话似乎也很正确，蓦地，我抬头追问："那你叫什么名字，我的懒虫一定有很好听的名字！"

这家伙顿时开始挤眉弄眼起来，难道是我的问题太艰难了吗？

"我想……"他说道，"应该没有人会给懒虫起什么名字吧。"

"那就叫阿懒吧！"我立刻接口道。

他似乎无所谓地耸了耸肩，不过在下一秒就蹬鼻子上脸地一个下勾拳过来，"记住我刚刚的话，没有写完作业不允许睡觉！"

在把我按在写字台前后，阿懒自己一个人霸占了我的床铺，我看了一眼密密麻麻的作业题，默默地陷入了沉思。

"不要妄想今天的事只是你梦境里的一个，我不是你幻想出来的，是你真实存在的威胁。"

冷不防的，在我以为他已经睡着的时候窜出这么一句话。

如果阿懒是我的威胁，那我应该怎么去把威胁程度降低呢？

2

事实上，我虽然在为阿懒的存在而感觉威胁，可是在我有意识的时候，我才发现自己竟然趴在写字台上睡了一整夜，醒来的时候发现阿懒正举着拖鞋一脸怒视地瞪着我。

"谁让你睡觉的？"阿懒高高抬起下巴俯视着我。

眼看拖鞋就要落到我身体的某个部位，我顿时从写字台上蹿了起来，"我不是故意的！阿懒你也知道的，人的精神一旦想要进入睡眠期，我这个肉体是控制不住的啊，啊——别打我臀部啊！"

在一早上的折腾之下，我的屁股总共被拖鞋打了七下，背部三下，以及手臂五下。

此时我已经换上校服背上书包在公交车站牌下等车了——当然，以往的我绝对不可能这么早出发的，要不是在阿懒的拖鞋魔爪下，我还想再在床上睡个回笼觉呢。

到达学校的时候，整个学校空空荡荡，嘴里正埋怨阿懒督促过头，可是一跨进教室的大门的时候，我发现整个教室竟然已经有十几个同学了……明明距离上课还有一个小时……

刚一脚迈进教室大门，十几双眼睛齐刷刷地望向了我，我心虚地低下了头，赶紧跑到自己位子收拾干净书本，准备再与周公大战三百回合。岂料还没走到课桌前就被自己的鞋带给绊了一下，顷刻间原本安静的教室传来了一记闷响。

我在地板上躺了一会儿，竟然没有人来理我，等我龇牙咧嘴地爬起来的时候，发现十几个同学都已经重新进入了学习状态。

我颇为狼狈地站在原地看了一会儿大家，心底突然有了一种奇怪的感觉。

以至于等到我真正坐到课桌前收拾干净书本，摆好标准课桌睡姿时，竟然了无睡意。

这可是我人生中的第一次！

我惊悚地重新坐直身体，调整了姿势，又一次倒了下去。

还是没有睡意！

这明明是我潜心研究十七年后得出的最舒适标准的课桌睡姿！以往都可以在三分钟之内毫无障碍地入睡的！怎么偏偏今天会失灵！

我呆呆地坐在那里，眼神无意识地再次扫过那十几名同学。在我折腾睡姿的这短短几分钟里，又陆续有几个同学到了教室，他们彼此之间也并没有打招呼或是寒暄，仿佛每一分每一秒都是金子一般，坐下身便掏出书，开始聚精会神地勾画背诵重点或是做习题。

而我的教科书……我看着胳膊下方被我摆成利于睡眠高度的课本，一刹那间竟然觉得那些白纸黑字都含着怨念地望着我！

我已经忘记我是怎样抬起手打开课本的，总之等到我反应过来的时候，我已经宛若被自动操纵了一般地打开了课本和笔记本，甚至握好了笔，画下了一行重点。

咦？咦咦？等等？我在做什么！

我被课本的怨念驱动了吗？

"天哪！水明明你在做什么！"一声高分贝的惊呼打破了我与笔的僵持状态，我颤抖地抬起头，看到站在教室门口瞪大眼睛惊悚地望着我的陈百业。

他顿了几秒，大步跨过来，抓住我的肩膀晃了晃，再从上到下打量了我一番："你真的是水明明，不是披着她的皮的其他什么东西？"

"我、我是……"我被他的眼神盯得害怕，捂住脸，"我也不知道发生了什么……"

陈百业皱着眉头，像是看到什么怪物一般看了我半天，突然笑了出来："其实我挺高兴你终于有一次能这么早来学校的。"

"欸？"我不明所以地看向他。

"一直以来你都是一副如果不是被逼，可能懒得连学都不愿意来上的样子。虽然我一直没有明说，但是作为你的好朋友，我可能和你的爸爸妈妈都有一样的心态。"陈百业笑了笑，"希望你有一天能够明白，懒是可以被克服的。"

"……"我怔怔地看着他，说不出来话。

"虽然不知道为什么你今天这么早就来学校，但是姑且看作你迈开克服自己的第一步吧。"陈百业拉开凳子坐下，整理好课本，不再理我。

我默默地坐在那里，望着他的背影发呆。

他穿着深色的校服的背影在我的一瞬间的幻想中慢慢拉远，仿佛一场我站在原地的马拉松，他越行越远，甚至没有过回头，最后消失在我的视线当中。

不仅仅是他，还有其他更多的朋友们，同学们，曾经一起并肩走过的那些人，都一个个地消失了。

我站在原地。

当人们坐在不动的火车上，身侧的火车开动疾驰的时候，总会觉得自己在倒退。

我并不是站在原地，而是他们还在他们的原地，而我在一步步后退。

我被自己的这种想法吓出了一身冷汗，整整一天都处于"反水明明"的状态中，不仅上课没有打瞌睡，还巨细无遗地记下了所有课的笔记。

111

阿懒拎着拖鞋守在门口的时候，我第一反应是落荒而逃，才跑两步就被他拎着领子拉了回来："今天是不是又偷懒了？上课没有记笔记下课还睡觉？"

一提到这个，我不知道为什么突然变得特别有底气，一下子挺起了胸脯："哼，我告诉你阿懒，我今天可是开启了我人生的新篇章呢！"

阿懒不知道什么时候已经开启懒虫无影手，从我的书包里摸出课本，几乎不用翻就直接到了今天所学的那一课——因为全书都是新的，唯一的折痕和笔记都在那一页。

他居高临下地扫视了一遍我的课本，又顺势翻开了我的笔记本。

我正要阻止，却发现来不及了。

我的笔记本上不仅有着今天的笔记，更有我今天乱七八糟画下的呓语。

"不知道阿懒有没有好好待在家里，会不会被妈妈发现，不过说起来反正他也是妖怪。啊，真是苦恼，到底为什么我的懒虫会成精！"

"陈百业那个混蛋其实说得蛮有道理的，唉，不行我怎么能被他说服！"

"难道从此以后我就要因为阿懒每天早上都这么早来学校了吗？这不科学！我要把他赶走！"

……

我心惊胆战地看着上面的字，生怕阿懒生气，谁知他看着看着竟然变得面带笑容，最后带着心满意足的表情合上了本子。我莫名其妙地看着他，阿懒露出了一个温柔的笑容："才一天就有了这样的觉悟了，很不错。"

阿懒随即闪开身子，我这才看到他身后的小餐厅的桌子上丰盛的晚餐。

"咦，妈妈今天心情这么好吗？"我好奇道。

"是我做的。"阿懒咧嘴一笑，"你的爸爸妈妈今天有事双双出差，给你留了一张小纸条。原文是什么不重要，重要的是接下来的两周我们都要愉快地共度了呢！"

我哆哆嗦嗦地后退一步，再看向桌子上饕餮盛宴的时候眼神已经彻底变了："阿懒你没有下毒吗？或者……我为了能吃到饭，要付出什么代价吗？"

"下毒自然是没有，如果明明死掉了，我也会跟着彻底消失。"阿懒的笑容变得又阳光又诡异，"至于代价嘛……自然是接下来每天都像今天这样，勤学奋进咯。反之的话，我不仅不会再做饭，还会每天都负责把冰箱吃光光哦。"

我撇着嘴看了他半天，确定他是认真的了以后，权衡半天，终于发现自己其实并无其他选择，饭菜的香气最终还是让我没骨气地一屁股坐了下去，嘴里还狡辩："哼，反正不管怎么样都要听你的，不吃白不吃！"

"明明知道就好。"阿懒满意地点点头，给我夹了一筷子菜，笑得简直像是慈祥的阿婆，那种笑容挂在他那张英俊的脸上，活生生的一股违和感。

饭后，阿懒递给我了一张纸。

"这是什么？"我疑惑地接了过来，念出了开头："水明明变学霸计划终极版？！"

"没错，为了督促你，我呕心沥血地为你量身定做了这份计划。"阿懒点着纸上的内容，居高临下地看着我，"明天的任务除了像今天一样认真之外，你还要混进你的好朋友陈百业的学习小组。"

什么？陈百业为什么会有什么学习小组？而且阿懒为什么会知道我有个好朋友叫陈百业！

显然是看出了我眼中的惊吓和疑惑，阿懒不等我发问就回答道：

"看到了吗水明明，你自以为的好朋友其实你自己一点儿都不了解，对方可是为了未来在每分每秒地努力着，而你早已被遗落在了他们的背后。如果真的不努力，以后说不定真的就没有共同话题、不在一个世界了哦。"他顿了顿，又自鸣得意一般补充道，"至于我为什么会知道陈百业，哼哼，明明的一切我可都是无所不知哦，谁让我是伟大的懒虫之神。"

我打了个冷战，几乎是被洗脑一般接受了阿懒的想法，一路小跑地抱着书去K了。

4

和前几日一样，我被懒虫的拖鞋底大法打得大清早就跑来了学校。班级的学习先驱队似乎也已经习惯了我的存在，不同于前几天的漠视，居然也开始有人从书堆里抬起头，冲我笑一笑，而那个笑容中，依稀带了一些……认同感？

"明明今天也这么早啊。"陈百业活力十足的声音传来，他几步跨过来，拍了拍我的肩膀，就准备回他的座位去。

我脑中骤然浮现阿懒的任务清单，眼疾手快地扯住了他："等等！"

"怎么了？"陈百业停下脚步。

"那个……那个……"我眨巴半天眼睛，才吞吞吐吐地说道，"这几天我发现我有好多知识都不太会，上课也不是完全能跟得上，百业你能不能稍微帮帮我？"

"没问题啊，只要我也会的，当然没问题。"陈百业拉了一把凳子过来，坐在我旁边，"说吧，都有哪些？"

我翻出昨晚特意勾出的在我看起来超级难的题目给他看，心想若是他也不会，肯定要去求教他的学习小组成员，这样我就可以乘机打入内部了！

我正沉浸在我的幻想里，陈百业已经抄起一根笔，刷拉拉地在演算纸上飞舞了起来。不一会儿就圈出了正确答案。

我回过神来以后已经被吓了一跳，翻到第三页的演算纸上密密麻麻的验算过程清晰而流畅，陈百业看我注视着他运作的笔尖，微微笑了一下："稍等，马上就有答案了……OK，搞定。"

他把演算纸翻回第一页，重新递给了我："你先看一遍过程，如果这个其中有什么地方不会，再来具体问我。我先回座位啦。"

我连谢谢都忘了说，呆呆地望着他离去的背影，再将视线移回手里的草稿纸上。

为什么他都会！

明明我觉得困难无比的题目，为什么到了他的手下就像是变戏法一样，答案一下子就出现了！

我深呼吸了几下，终于开始人生之中第一次正视"学习"这两个字。

虽说这一切的起源都是因为阿懒莫名其妙的出现，但是这几天发生的事情，足以刺激到我。我仿佛在一夕之间看到了许多以前被自己忽略、甚至一点儿都没有去思考过的现象和问题。而思考的这个过程突然之间并不让我觉得头疼或者烦躁。

换句话说，我似乎……不那么懒了。

有了这个新发现以后，我只觉得喜忧参半。然而当我垂头丧气若有所思地回到家后，却发现自己的这一腔思考在见到阿懒的一刹那都飞到了九霄云外！

"阿懒！你怎么了！"我一个箭步冲了过去，

阿懒明显瘦了一圈，下巴更尖了，精致苍白的小脸上还有一点儿不太正常的红晕。他无精打采地倒在沙发上，听到我的声音以后竟然吃力地抬起手，指了指桌子上，气若游丝道："明明……饭在桌子上……"

"饭你个大头！"我又急又气，眼泪几乎要夺眶而出，"这个样

115

从此南方无故人

子还去做饭！你是不是煤气中毒了！是不是吃了不该吃的东西！你到底怎么了！"

"我……感受到了明明热情的努力……"阿懒明明很痛苦的样子，竟然还挤出了一个看上去很享受的笑容，"就让明明的热情融化我吧……啊……"

我突然意识到了一个问题。

是不是我真的变勤奋，真的不那么懒了以后，阿懒就会消失呢。

我看着阿懒的笑脸，却再也笑不出来了。

明明我的愿望就是希望他消失，如今终于快要愿望达成，我却突然有了一丝退缩。

安顿好阿懒睡觉，就在脑中这么挣扎乱想的时候，我猛地回过神来，却发现自己竟然一边发呆一边自动做完了一章历史选择题！

我愣了愣，看了看握在右手的笔，再望向阿懒的房门。

阿懒，难道这才是你的愿望吗？

5

毫无意外地，在这几天相处中我竟然开始依赖阿懒了。所以当我把我要放弃学习放弃努力放弃勤奋想法告诉阿懒的时候，阿懒瞪着病快快的眼珠子一副无法置信的样子。

随后下一秒，这家伙竟然一声不吭掀开了被子要下床。

我急得跳了起来，"你到底要干什么！"

结果阿懒头都不回一下，磕磕绊绊地往前走了几步，"我来这里的时候似乎什么都没带来吧？"

他气游若丝，我一听立刻跑上前，"你要做什么，你不是因为我的努力、我的刻苦而变得虚弱吗，我不想要你死，所以我全部都放弃，恢复到之前的样子！难道这样也不能拯救你吗！"

"谁要你的拯救！"阿懒一下子甩开我的手，眼眸里透露着些许冷淡，"我虽然是你精神上支配出来的，可是我的梦想却是变成勤奋之人，而不是被称作为阿懒的我！"

果然连阿懒都讨厌懒散的我。

如果是这样的话，我还有什么理由……什么理由再往前走？

"水明明，如果你真的想要拯救我，不如更加更加地努力，给我一个解脱，这也是我期望的。"阿懒闭了闭眼睛，苍白的脸上没有一丝血丝。

我咽了咽口水，"可是你……"

"我可是懒虫，"阿懒截下我的话淡然道，"继续让我活得逍遥自在才是最错误的吧？"

我明知道阿懒说的是正确的，可是内心的澎湃竟愈发压抑不住。就像一直生存我身边的布娃娃，有一天别人告诉这只布娃娃破损得无以复加，我都舍不得丢弃。

因为依赖，因为习惯。

被阿懒催促上学督促学习，从被动化为主动的这一系列过程中，已经习惯了阿懒的存在，而他这次选择消失……我又怎么……怎么肯。

"我梦想中的水明明是一个无敌学霸，不参加高考就有十几所名牌大学等着提前录取。能在短时间内解出各种难题，是男生心目中的高冷女神，是学渣崇拜的对象——而不是现在想着要退缩来增加我的寿命——你明知道，不行不能不可以，我只是一条懒成精的懒虫。"阿懒的笑容带着凄凉。

我吸了吸鼻子，深深吸了一口气，"阿懒，我愿意成为如你所梦想的人，所以你……你还会来看我的吧？"

即使是骗我，也一定不要拒绝我。

阿懒你，你可是我生命中的一个转折点，我一点儿都不希望你消失。

一点儿都不。

阿懒翻了一个白眼给我，"当然。"

如果这是真的就好了。

在未来的一年，我还是能想到那天阿懒在我面前逐渐变得透明的身体，以及他微微上扬的嘴角。而这一年，我所做的一切都如阿懒心目中所想，成为了全年级的学霸，学渣心目中的崇拜对象，和曾经教我题目的陈百业一并探讨题目，加入了他的学习小组……

只是我心目中偶尔还会想起消失的阿懒，他答应过我会来看我的，但是已经过去一年了。

他什么时候来？

还会不会来？

树荫下透出的阳光带了些许刺眼，我压着被风吹走的数学作业题，抬头的刹那看到不远处一个逆光向我走来的少年。

啊，是阿懒。

"水明明，如你所愿，我来看你了。并且我已经从懒虫变成了勤奋之人。"他蹲下身帮我拾起散落的试卷。

啊原来我的勤奋，竟然让阿懒进化了。

可是阿懒，谢谢你，真的，如果再选择的话我还是希望你能出现在一年前的那个时间，成为我的一个转折点。

从此南方无故人

陈小艾

1

"啊……"林洛薇心疼地从地上捡起屏幕被摔得四分五裂的手机,一阵哀号。好在捡起手机后发现还能正常使用,当然,除了屏幕被摔成了蜘蛛网,右侧边框被摔得严重变形外。

"怎么办,我手机摔坏了!这是我干了三个月兼职才买来的,都怪你,没事儿给我打什么电话啊!"林洛薇蹲在角落里,压低声音对着电话另一头的沈铭宇抱怨。

"我不是担心你吗?打你电话一直不接,万一你有什么意外怎么办?"沈铭宇很无辜。

"行了,先不跟你说了,我还得去招呼游客。"林洛薇挂断了电话。

林洛薇在师范大学新闻系念大三,课余时间考了导游证,遇到节假日会出来带团干兼职。这次的任务是五一假期带着一群游客去矿井区体验,刚进矿井没多久,手机便一直响个不停,趁着游客们上厕所的时间,她想赶快接起电话来向沈铭宇报个平安,结果手一滑,手机便掉到了地上。

才用了不到一月的新手机，而且还是干了三个月兼职买来的，摔坏了自然心疼。于是，林洛薇便将怒气都撒到了沈铭宇身上。

"乖，别生气了，送你个新的。"沈铭宇发了短信过来。

林洛薇扫了一眼屏幕，气鼓鼓地将手机塞到了包里。

两天后，林洛薇带着旅行团回到北京，沈铭宇果真揣了个崭新的手机来接站，他把手机埋在一堆零食里递给林洛薇："饿了吧，快吃点儿填填肚子吧。"

林洛薇在一堆薯片、巧克力等各种各样的零食里翻出手机来的时候，沈铭宇在一旁笑着说："恭喜哟，中奖了。"

"你拿回去吧，我不要。"林洛薇脸色一沉，将手机推给沈铭宇。

沈铭宇看了她一眼，将手机接过来。林洛薇有时总是坚强得让他心疼。

她独自走在前面掏出手机发短信，沈铭宇看到屏幕上的裂痕很深，一道道的，将整个屏幕分割得支离破碎。他安静地跟在她身后，直到她转身大声说："别跟着我了行吗？我说过很多次了，我不喜欢你用这样的方式对待我，听不懂是吗？"

2

认识林洛薇之前，沈铭宇是典型的纨绔子弟，仗着家里优渥的条件，在学校里横行霸道。

大一那年英语考试沈铭宇被安排在林洛薇身后，才刚刚听完听力，沈铭宇便趴在卷子上画圈圈了——他最讨厌英语，觉得满篇那些并不熟悉的英文字母在龇牙咧嘴地嘲笑着自己。前面的林洛薇在奋笔疾书，纤细的胳膊一动一动的，沈铭宇在身后看得出了神。直到监考老师提醒距离考试结束还剩十五分钟的时候，他才慌了神，趁老师不注意一下站起来抽走林洛薇的答卷，"刷刷刷"地往自己卷子上抄。

如果那天林洛薇稍微配合一些，帮沈铭宇成功地掩人耳目应付过那场令他头大的英语考试，她跟沈铭宇的人生也许不会就此交织到一起，那样也许林洛薇对于沈铭宇不过是当场感激涕零事后请她吃顿饭然后转身踏入人海便再也记不起的人。

可是她没有。"把卷子还给我！"林洛薇声音一出，便成了整个考场的焦点，当然，沈铭宇也是。

沈铭宇在众目睽睽之下将试卷还给林洛薇，懒洋洋地收拾了一下桌子上的东西之后离开了。

那次考试，沈铭宇被判零分，好在认错态度良好，免去了记过处分。从那之后，林洛薇对于他来说便从一个路人般的存在成为人群里一眼便能认出的人。

周一早上升旗仪式结束后，林洛薇去公主楼二楼餐厅吃早饭。她习惯在琳琅满目的窗口前游荡一番，闻尽食物的芬芳之后，买一张鸡蛋饼、一小碟咸菜，再去收银台前打一碗免费汤，一顿饭下来只需一块五，非常划算。

就在她趴在甜点窗口前，看着那些新出炉的各式各样的诱人甜点出神的时候，沈铭宇用胳膊肘顶了一下她，她便没有防备地扑倒在甜点盘上，五颜六色的奶油粘了一脸。餐厅里正是人多的时候，不少人驻足围观，林洛薇像个小丑一样站在众人面前。

沈铭宇并不收敛，"你应该感激我才对呀，我这是请你免费吃甜点呢，省得你天天吃饼就着咸菜，搞得自己营养不良！"

人群中爆发出阵阵笑声。林洛薇掏出纸巾擦了一把脸，朝沈铭宇吼道："你这样就觉得解气了是吗？真幼稚！"语气里带着愤怒，也略带哭腔。

"不解气，"沈铭宇斜睨了她一眼，然后转身对一旁的餐厅师傅说，"师傅，这些弄坏的蛋糕甜点统统给我打包带走！"

沈铭宇将打包好的甜点袋往她手里一塞："拿着，这些被你弄脏了也没法卖了，拿回去吃吧，目测够你一周的早饭了。"说完便笑着离开了。

沈铭宇让林洛薇在众人面前出了糗，一向自尊心极强的她觉得受到了羞辱。一直以来，因为母亲身体不好，常年需要吃药就诊，所以上大学后林洛薇便挥舞着拳头想要靠自己来完成学业，为父母分忧。

大一基础课多，课程相对排得比较满，但她还是争分夺秒地利用周末和节假日打工做兼职，在餐厅里给人当服务生、发传单、做家教、做接线员……这些她都做过，大家都习惯了她骑着粉色的小自行车急匆匆赶路的样子。

她没有像别人那样刻意隐匿自己的生活状态，因为她一直觉得，可以比同龄人更早地学会不依靠父母，却依旧可以精彩漂亮地活着，不是一件多丢脸的事儿。

当然，周翔除外。

3

周翔在武汉念大学，是高中时令林洛薇心里小鹿乱撞的隔壁班男生。

高一时林洛薇和周翔被选为学校每周升旗仪式的护旗手。当时不过十四五岁的样子，还稚嫩得很，周翔还没完全长开，但高瘦挺拔的他站在人群里还是格外惹眼，林洛薇记得他有着好看的肩线，她经常会偷偷盯着他的肩膀出神，想象着将来能依靠在那里的姑娘一定一脸幸福。

每周一升国旗是林洛薇一周里最幸福的时光，因为在那天，在全校几千双眼睛的注视下，她跟周翔并肩站在一起。她有时会偷偷想，在很多人眼里他们一定特别登对，金童玉女，就像年画上的那对娃娃。

周翔话很少，即便每周一都会跟林洛薇搭档，但平日在校园里见到他也一直都是淡淡的。当然，他对白羽菲不同。

如果不是那次升旗仪式后林洛薇错拿了周翔的英语课本，她也不会知道。

每次升旗仪式集合时，大家都会争分夺秒地背一会儿书。升旗仪式结束后，林洛薇拿起地上的一本英语课本便匆匆地往教室赶，甚至连早饭都没来得及去吃——前一天英语老师布置的课文背诵她忘记了。

等回到教室翻开课本后，她才意识到拿错了。周翔的字写得苍劲有力，是林洛薇喜欢的那种类型。课本里掉出一张照片，照片上的女生神情安然，穿一袭白色的连衣裙站在樱花树下，构图完整和谐，色彩搭配合理，如果不是林洛薇恰巧认识照片上的女生，她会以为这是一张明信片——可是她一眼就认出那是白羽菲，因为只有她才有那样好看的眉眼。

林洛薇像做了错事的小孩儿一样慌里慌张地将课本送还给周翔的时候，他正从操场上赶回来，还没有发现拿错了课本。林洛薇长舒了一口气——他应该没有看到自己在上课走神时写下的那些大大小小、形状各异的"周翔"。

可是她心里却忽然像有什么重要的东西被掏走了一样生疼。像是窥到了周翔的内心，知道了他的软肋和盔甲，自己却也像沉溺进汹涌的海洋，那些还未来得及发生的故事像是被一眼望到了结局。

就这样，林洛薇揣着一颗惴惴不安的心跟周翔搭档了两年。每个周一早上那短短的半小时，是她离周翔最近的时候，就好像他只属于自己一个人。平日里，林洛薇会时不时地有意追寻周翔的身影，她会在意今天他校服里面又套了什么颜色的衬衣，会在意课间他又跟谁一起说笑，会在意球场上他有几次带球上篮的帅动作。她一点点耐心搜寻着关于他的一切，是他生活里的有心人。她有些隐隐担心，怕一不留神他身边就站了与之般配的人，比如白羽菲。

高三后，林洛薇和周翔便不再做护旗手，转由低年级的学弟学妹来担任，林洛薇有时心里会觉得空落落的。高三在书山题海和为前程的殚精竭虑里很快走远，高考结束的那个下午，林洛薇穿了一条白色的连衣裙。那天她特意走得有些晚，等学校里没多少人的时候，她抱着一摞书安静地走在走廊里，不敢回头，因为仅从脚步声判断她便知道身后跟的是周翔，又因为心底还怀着一些期许，她不知该如何优雅地说再见。

她就那么慢慢地走，想至少留一个安静美好的背影给周翔。在以后各奔东西的日子里，他偶尔想起她，至少还会记起他们有过一个完整美好的瞬间。

"林洛薇！"她没想到周翔会打破这种宁静。

她转身，极力表现出一种镇定，"嗯？你一个人啊？"

"对啊，一个人。"他快跑几步跟上，"你裙子上好像溅上了很多泥点。"

"啊？"她一转身，果真身后的裙摆上布满了密密麻麻的泥点，她忽然从未有过地讨厌下雨天。

捧着一杯草莓奶昔跟周翔坐在沿街的甜品店里，盯着墙上"嘀嘀嗒嗒"的时钟，她忽然很想让时间就此停下来。

"考得怎么样？"她边搅动着杯子边问。

"还行。"周翔回答得简练。

林洛薇这才沮丧地发现两人之间的共同话题实在少得可怜，共同的朋友也没有几个。两人就那样面对着面在甜品店里安静地坐着，直到城市道路上的霓虹灯开始亮起，周翔起身推推椅子说："天不早了，我们该回去了。"

趁周翔去结账的时候，林洛薇偷偷将在手心里快要攥出汗来的便笺纸蹑手蹑脚地贴在店里的留言墙上——整整一面墙上贴满了花花绿绿的便笺纸，那张写着林洛薇心事的纸今后也将成为其中的一员，提醒着她这个美妙下午的存在。

高考成绩出来后，周翔填报了武汉的学校，而林洛薇则去了北京。毕竟两人之间没有生出什么故事，所以那些两人不顾一切奔往同一座城市的剧情不会在他们身上上演，因为，缺少理由。

拿到录取通知书的时候，林洛薇心底忽然有些细微的难过，在准备迎接新生活的同时，也注定要跟过去的人和事作别，比如周翔。

好在白羽菲要出国的消息让林洛薇稍微松了一口气。也许，她跟周翔之间，还会有故事发生。

4

上大学后，因为忙着做各种兼职来减轻父母的负担，林洛薇没有太多时间来参加形形色色的社团活动，自然交到的朋友也是寥寥。有时她会特别想念周翔。

周翔的电话偶尔打来，有时是在她兼职的店里，有时是在图书馆的走廊里，有时是在她骑着自行车奔波去做兼职的路上，不管在哪儿，只要看到来电显示是周翔，她都会放下手中的事立马接听。

北京秋意渐浓的时候，周翔在电话里讲武汉热得不行，他刚踢完球冲完凉水澡，她在电话这头裹一裹身上的衣服企图来做到感同身受。凉风还是从毛衣外套的缝隙里钻进来的时候，她忍不住想哭——原来他们已经距离那么远，连气温都相差这么大。

第二天，她用做兼职赚来的钱买了一张从北京到武汉的火车票。彼时，那个"人生一定要有一场说走就走的旅行和一场奋不顾身的爱情"的段子正在网上被传得火热。去武汉的事她谁也没有告诉，此番出行也没有任何计划，她不知道在南方那座从未涉足过的城市，会不会有一场难忘的旅行，或者收获一段珍贵的爱情。

一大清早她从北京背着包出发，经过十几个小时的颠簸，傍晚时分，她踏到了武汉的土地上。从武汉站出来后，按照提前查好的路线，很快她便来到了周翔的学校。

捏着手机酝酿揣摩着给周翔发短信的时候，她见到了迎面走来的周翔，他跟几个大汗淋漓的男生站在一起，手里抱着篮球，看样子刚从球场上回来。他一愣，看了一眼神情疲惫的林洛薇，跟身边几个男生耳语几句告别后，便向她走来。

"你来之前也没有说一声，我这……没有丝毫准备。"周翔的语气一贯冷静镇定，他这样的人好像从来不会因为什么突发状况而方寸大乱。

倒是林洛薇，有些语无伦次起来，不知道该怎样解释才能让他相信她真不是鲁莽行事，她捋了一下耳际的碎发，笑笑说："我恰好路过武汉，就想过来看看你。"

周翔没有再追问，接过她背在肩上的重重的包，带着她穿梭在校园里。林洛薇安静地跟在他身后，两人话很少，可是她却忽然有一种很安心的感觉。

"来见你一面我就很开心了。"林洛薇被鸭脖辣得眼泪直流，她吸了一口桌子上的芒果冰，手舞足蹈地说。

"嗯，你一个人这样跑出来让人很不放心，女孩子家一定要注意安全。"周翔一副苦口婆心的样子。

"行了，你别说了，我知道。"林洛薇嘿嘿一笑，继续大口扒拉面前的热干面。

周翔不放心林洛薇一个人住旅馆，便将其安排到同班女生的寝室里住。晚上，周翔的同班同学陈晴晴试探性地问她跟周翔的关系，林洛薇眯着眼睛想了一会儿，笑着说："我们也算不上太熟悉，是朋友，他是我喜欢的人。"

寝室里瞬间安静下来，陈晴晴小声跟林洛薇说："周翔在我们系挺受欢迎的，你不要错过机会被别人抢占先机哦。"

听她这么说，林洛薇只是笑，脚丫慢慢地搅动着盆里的水，有水花从里面溅出来。她在想，这么久以来，周翔对于她一直像是一个遥远的梦，有时觉得近了，却永远握不住。

在武汉待了两天，用身上最后一点儿钱买了些当地的特产和一张回北京的硬座车票后，林洛薇跟周翔在学校附近的小饭馆里吃饭告别。林洛薇执意要了两瓶啤酒，"咕咚咕咚"两杯酒下肚之后，她壮了壮胆小声说："我喜欢你，你知道的吧。"

周翔安静地将嘴里最后一口米饭嚼完："我知道。"

看周翔没再说话，林洛薇吸溜了一下鼻涕，像是自言自语："没事的，我这次来就是想见见你。"然后起身提起座位上的行李，"我该去赶车了。"

周翔左手接过行李，右手牵住她的手，扭头对她微微一笑，"我送你。"

周翔帮林洛薇将硬座票换成卧铺票，将一大包零食递给她："路上注意安全，到了给我打电话，下次不要这么草率，等我去看你。"

两人在车站紧紧拥抱，林洛薇将头深埋进他的臂弯，泪眼婆娑——这个自己爱慕了多年的男生，今后竟真的跟自己有关了。

5

回北京后，林洛薇像打了鸡血一样，更加卖力地做兼职，开心地存着小金库，琢磨着跟周翔下次相聚的时间。相隔两地，来一趟除了路费，食宿也是一笔不小的开支，她得使劲攒钱，好让相聚的日子来得早一些。

而这些，她都没有告诉周翔。不知为什么，对于周翔，她一直怀着一种奇怪的自尊心，她不希望他看到自己的无力和辛苦，她想尽可能给予他最多，她不愿他看到自己背后那些拧巴干瘪的日子，她要的是岁月风平，是舒适而自然的爱。

所以，她拼命地做兼职，这些事，周翔都不知道。

她用兼职赚来的钱买到各种各样的礼物寄给周翔，因为她想不在他身边的日子，能用它们来将他身边填满。

春天的时候，周翔终于从武汉来北京见她。两人手牵手出现在校园里，林洛薇昂首挺胸地站在周翔身旁，接受各种目光的洗礼，好像周翔一出现，原本她身上蒙着的那层灰蒙蒙的灰尘都轻而易举地剥落了，因为周翔能给她这种自信。

两人在地铁上被挤得东倒西歪，周翔轻轻地将她拥在怀里，她偷偷地瞄着周翔好看的眉眼，好像刹那之间将万水千山走遍。

林洛薇没想到会再次遇上沈铭宇。当时她正跟周翔从西单商场回来，手里大包小包都是刚收获的战利品：给周翔买的最新款的棒球服、帆布鞋……

"哟，林洛薇，好巧啊，你男朋友吗？买了不少东西嘛，干兼职赚的钱都花光了？"沈铭宇打趣道。

林洛薇没理他，拽着周翔继续往前走。

"喂喂喂，我就这么没有存在感吗？"沈铭宇在身后喋喋不休。

撇下沈铭宇之后，周翔问林洛薇："你平时都在干兼职吗？"

"没，没有，你别听他瞎说。"林洛薇辩解。

周翔没再说话。

两人在北京玩了几天后，周翔坐火车回武汉，林洛薇将提早准备好的吃的喝的一股脑儿地交给他，还有一张卧铺票。上车前，她使劲儿抱了抱周翔，悄声说："我们下次见面会是什么时候？"

周翔沉默了一下，说："很快。"转身便踏上开往南方的列车。

在花空了小金库之后，林洛薇开始投入到新一轮的兼职大作战中。直到那天冒雨发了五个小时传单回寝室途中，收到周翔的短信——小薇，我们分开吧。

嗓子眼像是被什么东西卡住，她颤抖着拨周翔的手机号，因为情绪激动，一连试了几次才拨对。电话响两声后，对方挂断了电话。

林洛薇低头看手机收到的新短信：对不起，我骗不了自己。你照顾好自己。

像泅渡时最后一根稻草被抽离，林洛薇难过地蜷缩在宿舍楼外的一角哭泣起来。她注意到沈铭宇的时候，他已经在一旁站了很长时间。捶捶有些酸软的腰肢，就那么迎上了他的目光。他伸出手，林洛薇犹豫了一下，把手覆上，被他一下子拉起来。

"不开心？请你吃个饭吧？"沈铭宇问，随后又补了一句，"我不是坏人，就当冰释前嫌。"

在学校西门的饭馆坐下来，林洛薇胡乱地扒拉了几口饭之后，开始向沈铭宇讲述她跟周翔之间的故事。

沈铭宇用筷子敲着眼前的杯子，临了看似有些漫不经心地说："死心吧，别哭哭啼啼了，他不值得。"

"喊，"林洛薇狠狠地瞪了他一眼，起身，"我吃饱了，忘了不该跟你讲这些，你就当没听过吧，我走了。"

"喂，林洛薇，你失恋也不能这么没良心吧，我还一口都没吃呢，你都不陪我吃完吗？"沈铭宇在身后大声说。

6

周翔的电话一连几天都没有打来，林洛薇暂时停下了手中的兼职，除了上课、吃饭，剩余的时间都窝在寝室里抱着电脑盯着周翔的微博、人人网、空间出神，直到她都要把他那几条少得可怜的状态背下来的时候，她收到了沈铭宇的短信：林洛薇，夏天就要来了，天天窝寝室里不怕发霉吗？跟我约会吧。

林洛薇没理他，只当是他又心血来潮的恶作剧。

晚自习上"新闻采访与写作"课，林洛薇正抻着胳膊望着讲台上唾沫四溅的老教授出神，教室门忽然一下子被推开，继而整个教室的灯全都暗下来，在大家为这突如其来的黑暗欢呼的时候，沈铭宇抱着一大束花出现在讲台上，台下很多人举着手机，屏幕的亮光在暗中不断闪烁。

"林洛薇，我喜欢你。不是开玩笑，我是认真的。"沈铭宇一改往日的油嘴滑舌，站在台上竟有些结巴。

教室的灯亮起来，台下起哄声一片。

林洛薇起身，跑出了教室。沈铭宇随即跟着跑了出去。

"沈铭宇，你能不要这么幼稚吗！你就这么热衷于当别人的谈资吗？"

"我怎么幼稚了？我怎么当别人的谈资了？我说我喜欢你，不是开玩笑，不是闹着玩，林洛薇，我是认真的！"沈铭宇情绪有些激动。

"你就是想让所有人都知道我失恋了是吗？就是想让大家都知道我被甩了看我笑话！"林洛薇也不甘示弱。

"林洛薇，你是不是有被迫害妄想症啊！你为什么就不能坦荡一点面对自己呢，非得揣着那点儿可怜的自尊心过活吗？"

"我就是，可是跟你也没有什么关系。你走开，我再也不想见到你！"林洛薇哭着跑开了。

周翔走后，她心上像是一直有一个洞，他不在，那里是空缺，别人进来是多余。

很多日子都跟周翔有关：高中时为选上护旗手，拼命在家练踢正步；为引起他的注意，用功念书拿漂亮的成绩单；为让异地恋的日子没那么难熬，她拼命做兼职攒见面的"恋爱经费"……她已经习惯了在他身后赶路的日子，所以他一旦抽离，她觉得整个世界都坍塌了。

7

林洛薇没想过沈铭宇会把喜欢她这件事认真地坚持下去。可她还是看到了他的改变。比如每天早上自习室的座位上早早摆放好的牛奶、面包，比如下雨天仓皇失措时头顶上忽然多出来的雨伞，比如生日那天广播台的神秘点歌……

像当年林洛薇努力唤起周翔的注意一样，沈铭宇的努力让人不得不注意到他的存在。

儿童节那天，林洛薇做兼职的培训机构搞了一场文艺晚会，她作为领队老师穿着十厘米的高跟鞋站了将近六个小时后，浑身酸痛，脚疼得走不了路。下了公交车回学校的路上，她脱了鞋子光脚走在路上，沈铭宇就是在这时候出现的，他脱掉脚上的运动鞋递上去："喏，你穿上它，脚就没那么痛了。"

林洛薇心里一紧，竟有些感动，但她还是强装镇定假装嫌恶地说："你鞋子又肥又大，说不定还有脚气呢！"

"喂，你能不能嘴下留情一点儿！"沈铭宇光脚走在林洛薇身后，两人吸引了不少人注意。

就是从这时开始，林洛薇发现沈铭宇没那么讨厌了。

那天林洛薇刷微博，忽然看到周翔更新了动态："人生路遥，幸好有你相伴。"配图是一个身穿白裙的女生背影，像极了白羽菲。

那一刻，她忽然真切地明白了"万念俱灰"这个词的深意。

从微博页面退出来的时候，她仿佛看到她跟周翔之间的那扇门被关上了。

从义无反顾想要在一起到最终悄无声息地走散，也许这才是爱情本来的样子。

8

林洛薇开始不再那么着急做很多份兼职，让自己慢下来，没事的时候也会跟舍友聚在一起看时尚杂志，聊当下最流行的衣服款式，会为了一双心仪的鞋子省吃俭用，她开始学着认真地爱自己。

偶尔她还会去周翔的微博、人人网、空间看看，他并不活跃，几条寡淡的动态挂在那里好像在提醒着来访者自己过得风平浪静。

沈铭宇依旧岿然驻扎在她身边，吵不走、骂不散，像一块黏性十足的狗皮膏药。只是，偶尔林洛薇也会偷偷想，狗皮膏药也没那么讨厌，还可以治伤筋动骨、遍体鳞伤的自己呢。

秋天的时候，林洛薇跟几个朋友去郊区爬山时不小心弄丢了特别珍爱的项链。那条项链是周翔来北京两人一起逛街时在商场看到的，当时林洛薇花光了身上全部的钱给周翔买了很多东西，她在那条很喜欢的项链前站了很长时间，最后望了望价格标签走开了。

再后来，周翔提分手，林洛薇用做了两个月兼职赚来的钱去为自己买下了那条项链——那是她尝试着爱自己的开始。

所以，项链丢了后，林洛薇很难受，沈铭宇的电话打来时她正沿着上山的路寻找。

下山后接到沈铭宇的电话，对方像变魔术一样掏出一个天鹅拉绒的小巧首饰盒——里面的项链跟林洛薇弄丢的那条同款。

"你就当丢失的那条又找回来了。"他说，"每次送你东西你都不喜欢，看你很喜欢这条项链，送你也省得我再费心给你挑礼物了。"

握着项链林洛薇一阵哽咽，张了张嘴，什么都没说出来。

"对了，你给我两块钱坐地铁回去吧，身上钱都花光了。"沈铭宇说。

林洛薇"扑哧"笑出声来，"别走了。"

"干吗？"沈铭宇有些吃惊。

"留下你今晚给我们做饭啊，给你个机会展示手艺，也好证明一下你的存在感。"林洛薇说。

看着一脸兴奋的沈铭宇，她偷偷想，也许有一天会喜欢上这个曾经对自己针锋相对最后却掏出一颗真心来小心翼翼对自己好的男生。

在最近的距离遥望你

聪明如夏望，不可能猜不透她的心思。她总是摆出若即若离的态度，站在离他最近的距离，冷眼看着那些对他趋之若鹜的女孩子们。

而她其实却是在害怕，害怕自己一旦表明自己心意，就会被夏望疏远。

"嗯，我喜欢你。"

我姐名叫马小栗

爱笛生

1

五岁那年，在一片黄花菜田里，我第一次见到马小栗。她挎着个灰黑色的篮子，唱着不好听的山歌，重复着弯腰摘菜的动作，篮子里塞了几把黄花菜。她抬起头来恰好看见我，问我是不是迷路了回不了家。我摇摇头，不说话。她把黄花菜甩回篮子里，凶恶地朝着我喊："哪里来的熊孩子，想偷菜是不？"

我对马小栗的第一印象很不好。因为她那一吼，我的裤子就湿了。后来爸妈及时赶到，把马小栗推到我面前说："小烁，叫姐姐。"

电视剧里描述的姐姐都是长头发、大眼睛、小虎牙的温柔姑娘，马小栗和她们完全扯不上边。她短短的头发上扎着两根红绳，皮肤在太阳下黑得发亮，咧开嘴冲着我笑，"哟，是小烁啊。"

后来我才知道，马小栗是计划生育体制下的一条漏网之鱼。爸妈想要个儿子，所以马小栗从八个月大的时候就被送到乡下的奶奶家养，这一养，就是九年。她和奶奶很亲，和爸妈相处得却更像客人，她的懂事听话让爸妈日益觉得愧疚。随着我的长大，爸妈决定，要把马小栗带回他们的身边抚养。

那天晚上，马小栗下厨炒了两道菜来招待我们。一道是黄花菜汤，一道是西红柿炒黄花菜。爸妈热泪盈眶，小心翼翼地吃着每一口菜，摸着她的头称赞，"好，真好，我们家闺女会做饭给爸妈吃了。"

实话说，她做的菜很难吃，我草草吃了两口便放下筷子回屋里了。奶奶的房子不大，所以我要和马小栗一起挤她的小阁楼。我躺在她的床上，翻来覆去睡不着，没有空调，没有风扇，整个房间都散发出沉闷的潮湿气味。

我把马小栗叫进房里，指着她的床说，"你的被子怎么那么潮？"

马小栗倚在门边，两手一摊，懒洋洋地答："你们城里人不都讲究潮吗？我这乡下人就不能潮一把？"

我说不过她，哇的一声就哭了。

谁料，她一把提起我从后门走了出去。我怎么也想不到她九岁的身体里竟有如此大的力量。因为不知她要把我带到什么地方去，我哭得更加厉害。

等到我睁开眼睛的时候，她已经把我扔到了地上，指着旁边的一口老井说，"你再哭，再哭我就把你扔下去。这井里没有水，只有骷髅，猫啊狗啊人啊，都扔在这里，你想不想看一下？"

我摇头，恐惧使我放弃了男孩儿的自尊与骄傲。我小声地哀求："姐姐，不要。"

这是我第一次喊她"姐姐"，她也有点儿愣，但很快就恢复了冷漠。她蹲下来，直视我的眼睛，"那我们就来谈谈条件。"

我那时候很害怕她会提出"把你存钱罐里的钱全部给我"或者"回去把我做的菜都吃光"这样的条件，心早已提到了嗓子眼。

她按住我的肩膀，认真地说："待会儿爸妈要是想把我带走，你就拼命反对。哭得越大声越好，还不行你就撒泼打滚，晓得不？"

我有些不解，但想了一会儿，觉得这是对我有利的事情，于是重重地点了头。

可是那一天，没有轮得上我撒泼打滚，当马小栗装作姐弟情深牵着我的手回家时，我们看到的是这么一幕。

奶奶和妈妈抱头痛哭，妈妈哭着喊着："是我们对不起小栗，让你受苦了，妈，我们带你和小栗回城里，我们给你养老。"

她揉着奶奶膝盖上肿起的两个疙瘩，辛酸地掉眼泪。奶奶却猛摇头："不了，我住惯了这里，不走了，你们带小栗走，让她好好读书，以后当状元，光耀门楣。我，我还要在这里等阿荣呢。"

马小栗握着我的手，手心里全是汗。

奶奶有两个儿子，一个是我和马小栗的爸爸，另一个，就是她口中的"阿荣"，我的叔叔。叔叔终日无所事事，染上毒瘾，被抓进戒毒所里去了，只留下婶婶和一个刚满一周岁的小儿子。而奶奶却怎么也放不下她的小儿子，非得在乡下等着叔叔回来。

奶奶其实年纪并不很大，但比同龄的老人显得苍老，背也更驼，还患上了风湿病，膝盖上那两个肿起来的疙瘩就是病症。马小栗可能也是那时候开始转变了心意，她留在乡下，只会让奶奶和婶婶为她操心，小堂弟只有一岁，她不应该自私地分去本该属于他的宠爱。

所以那一天，当爸妈提出要将她带回城里的时候，她很干脆地点了头。我跟着她，见到她把自己枕头底下藏着的钱全部塞到了奶奶的衣柜里，拿把大大的锁锁上了自己的小阁楼。

她从奶奶家带走的，只有几件衣物和一大把的黄花菜。

2

我和马小栗的关系一直都不好。我讨厌她土里土气的装扮，无法忘记她要把我扔进井里的可恶行径，更为她的言而无信而感到羞耻。而她，显然更不喜欢我。她无法理解我为什么每星期都要去KFC吃快餐，她觉得家里的大白菜味道比那个好上百倍。她也无法接受我每天早上醒来对着镜子打理头发将近半小时，她永远觉得大平头的男生才是好学生……

总之，我们相看两厌。磕磕碰碰中，我们的感情有减无增。

我十三岁那一年，读初一。她十七岁，因为念书迟的原因，本该读高二的她却在读高一。她已经不再是多年前那个黑不溜秋、头上绑两根大红绳的土女生，她白了很多，沉静文雅，成绩优秀，成为同龄人中的佼佼者。

她的名字经常会出现在学校的宣传栏里，每次考试公布成绩，她也必然会稳居年级前二十。她是父母的骄傲，我不是。

经常会有同学问我，"小烁，高中部的马小栗和你什么关系？她好厉害哦。"

我总是笑着答，"噢，她是我堂姐。"

没有任何人怀疑，我为自己的聪明感到自豪，就这样，我免去了别人"同一个爸妈生出来的怎么一个这么优秀一个这么不起眼"或者"两姐弟怎么毫无互动，看起来关系很不好"这样的追问。

一次体育课上，马小栗扭伤了脚，走不了路。爸妈疼惜她，想跟老师说情，请半个月的假。马小栗热爱学习，硬是不肯，坚持着要上学，于是，护送她上学的任务落到了我的身上。

天知道我有多么不愿意，可是看到爸爸的凌厉眼神，我还是默默地许可了马小栗坐上我的车后座。

"你说你逞什么能，少学半个月会死啊，大不了就从前二十名掉到前五十名，又不是高三，急什么？"我在前面絮絮叨叨。

"如果你不愿意的话，放我下来就行。"马小栗说话的语气比我第一次见她时温和了很多，嗓门也小了点儿，可是脾气，这么多年来，还是一样的倔。没人知道她为什么这么热爱读书，也许有的人生来就是读书的料，马小栗就是其中的典型。

我载着她上下学，背着她爬楼梯，我在心里觉得，比起她对我的尖酸刻薄，我可算仁至义尽了。

就这么坚持了好几天，突然有个高年级的男生找到我，问我可不可以由他来接送马小栗，保证能把她安全地送回家。

我虽然才初一，却也隐约懂得，这个男生，应该是在追求马小栗。我在心里笑，这不是瞎了眼吗，喜欢那只母夜叉？

男生打听到我是马小栗的弟弟，怕我不答应，还送了我一个新的篮球。我拍着篮球，心想有他接送马小栗了，还省我时间，于是就应允了。

在我拍着篮球准备离开的时候，他拉住我，"你姐姐在同学录上写最喜欢的植物是萱草，我百度了一下，萱草就是黄花菜，黄花菜对你姐有什么特殊的意义吗？"

我的眼前，浮现出马小栗在一片黄花菜地里弯腰摘菜的情景，还有那一天，我们回家的路上，她捧着一把黄花菜一直哭……

可是我还是摇摇头，"可能是因为她最喜欢喝黄花菜汤了吧。"

男生失望地点点头，"这样啊，我还以为背后有什么深层的原因呢。"

那一天，我在篮球场玩到六点多才回家。奇怪的是，当我回到家时，马小栗竟还没有到家。天已经慢慢暗下来，父母焦急地催促我出去找她，我心里一急，也慌了起来，那个男生，不会伤害马小栗吧？

我刚跑出小区，就看到了马小栗，她一瘸一拐地移动着步子，脸上全是泪珠，看起来是那么可怜与柔弱。

我跑过去问她："是不是那男生欺负你了？是不是？"

初一的我虽然正在发育，却还是比她矮了半截。她用泪眼盯了我一会儿，咬出两个字："混蛋。"

我看向她后面，跟着一个骑车的男生，正是放学时找我的那男生。我二话不说向他挥了一拳，比平时与同龄男生打架还要英勇。

马小栗在后面喊："马小烁，你是发疯了吗？"

那男生也有点儿愣，他说："你姐她不肯坐我的车，非要等你，后来实在等不到了，她就自己回来了，我让她坐车的，她不肯。"

那一天晚上，经过马小栗添油加醋的诉说，爸妈对我为了一个篮球抛弃亲姐、动不动撩袖子与人打架的行径大为不满，爸爸拿皮带抽了我一顿，妈妈则是罚我面壁思过，一晚上不能吃饭。

马小栗躲在房里装模作样地学习，到了晚上九点的时候打开了我的房门，她用异常温柔的语气和我说，"小烁，肚子饿了吗？我们去超市买点儿东西吃吧。"

我在心里鄙视她这种黄鼠狼给鸡拜年的行为，还是不由自主地跟随她出了门。

超市里，马小栗也许真是良心上过意不去，给我买的都是我平时爱吃的东西，但是我火辣辣的伤口和空荡荡的肚子都在提醒我，不能就这样放过马小栗。

超市的防盗门在马小栗跨出界限的那一刻，发出了疯狂的尖叫。

她的脸变得又红又白，保安在她卫衣的帽子里发现三块糖果，在她的口袋里发现一块巧克力。全都是我悄悄放进去的。

等她脱身后，我已经在小区的花园里吃光了所有零食，笑呵呵地看着她。她眯着眼睛朝我笑，"来日方长，马小烁，我们走着瞧！"

3

马小栗高考完那天，我在学校门口等她。她心情很好，自顾自地说："发挥得不错，题目也不难，走，去吃好吃的。"

我却沉痛地开口："奶奶去世了。"

马小栗像是被施了定身术一样，泪水汹涌而出，我慌了神："你别哭，因为你在考试，所以……"

回老家的路上，马小栗一言不发。我也知道，她恨我们不告诉她。所有的亲人里，她最疼最爱的就是奶奶，而奶奶临走前一直念叨的，也是她。

奶奶下葬的那一天，马小栗捧着骨灰盒走在队伍的前面，我跟在她身后，我们经过一大片的黄花菜地，她忽然开口，"知道我为什么会喜欢黄花菜吗？因为，那是奶奶的味道。"

是奶奶的味道，是爱的味道。

高考成绩出来的那一天，我们学校的校门上挂了一条醒目的横幅，"热烈祝贺我校马小栗同学获得××区高考总分第一名"。

马小栗成了名副其实的"状元"。

打来家里的电话越来越多，有向爸妈恭贺的，也有一些学生打来向马小栗咨询学习方法的，更多的，是想请马小栗去当家教的。

马小栗总是问我："我终于当了状元，你说奶奶会看得到吗？"

我总是笃定地答："当然，奶奶看到你当了状元，看到阿荣叔戒掉了毒瘾，我们一家人健康和睦，她一定会高兴的。"

我终于明白了为什么马小栗会那么努力，那么执着地读书，原来是为了实现对奶奶的承诺。

我却没有马小栗对学习的这种热情，高考后，我只考上了一所三本院校，因为太多人拿我和马小栗做对比了，所以我总是尽可能地克制自己花钱，不向家里要钱。

大一的时候，我找了份兼职，在饭店里当服务员，每天兼着送外卖。马小栗已经是公司里的白领，但我知道她赚钱其实也不易，还要给我交昂贵的学费，所以即便她时常来学校看我，我也从没有要过她的钱。

一天中午，我骑车准备去送外卖，却在学校门口见到了马小栗。她看着我手里的饭盒，眼里满是不可置信。

以往她来找我之前都会先给我打电话，所以我能把我在饭店当服务员的事遮掩得严严实实，她这样忽然出现在我面前，我很紧张。

"你在做什么？"她显然很生气，把我从车上拽下来，"拿回去给老板，并且马上给我辞了工。"

我说，"我做得好好的，不影响学习。"

她却不肯。"可你让我看见了，我就是不让你做。"她像小孩子一样哭起来，丝毫没有做姐姐的样子。我只得答应："不做了，再也不做了。

她这才止住哭，拿出几袋东西，"碰巧到这附近谈业务，就来看看你，买了你最喜欢吃的寿司。"

那一天，我并没有吃完马小栗带来的寿司，因为吃到一半的时候我就晕过去了。

我不知道她是怎样把我送去医院的，我醒来的时候她坐在床边，静静地看着我。

"我是不是患了绝症？"看着她异于寻常的表情，我心里一慌，手也开始颤抖起来。

她突然一拍我的头，笑着骂道："尿，这会儿怎么那么尿了？你以前不是挺牛的吗？十三岁的时候还能和高年级的大男生打架呢，越活越尿。"

我却看到她眼里微微闪烁的泪花。这个马小栗，越来越容易掉眼泪了。

我躺在床上，回忆起往事，我们之间互相嘲笑，互相提弄，一起成长，一起成熟。

我认真地问她，"马小栗，如果可以，你会不会希望自己没有我这个讨人厌的弟弟？"

她答非所问："你以后的三餐一定要定时定量，不要再去工作了，营养跟不上就容易晕倒。"

她突然拿起水杯去接开水，我知道，她不擅长表达自己的感情。在转身走出门外的时候，我听到她说："马小烁，谢谢你是我弟弟。"

后来医生告诉我，马小栗把我送到医院的那一刻她自己也差点儿瘫倒，在墙角里哭了很久，不停地叫着我的名字。直到确定我只是因为营养不良而晕倒之后才扯出个比哭还难看的笑容。

医生说，你姐姐对你真好，你也要对她好啊。

4

六年后，我结婚。

婚礼上，主持人问我，"新郎，你最爱的女人是谁？"

我大声地答，"我老婆，还有我姐！"

妻子嗔怪着笑我，马小栗坐在下面，眼里含着泪花，她的小女儿坐在她的腿上朝我扮着鬼脸，马小栗的脸上，是感动，也是幸福。

多年前，在医院里，我回答那个医生，说的是这么一句："我一定会好好对她，以后找个美丽姑娘也一定要像她，一样的温暖美好。"

马小栗和马小烁，未来也要同心协力地走下去。

在最近的距离遥望你

池薇曼

1

初秋清晨，雾还没散尽，公告栏前已经围满了看期中考试成绩的新生。华殷中学每学年都会在第一学期中段考进行排名，并根据排名重新分班。

花梨穿着校服站在人群里，乌黑的长发柔顺地披散到腰上，这次校联考，她拿下了第二名的成绩。而排在她名字之上的，依旧是那熟悉的两个字：夏望。

旁边的女生用夸耀的语气说自己和夏望同一所中学毕业，立刻引来不少女生艳羡，花梨小心翼翼地从人群里挤出来，就听见有人惊呼。

"快看，那就是夏望！"

夏望似乎也是来看成绩的，他看到个子小小的花梨突破重围钻出来时，笑得露出一口洁白的牙齿：

"早上好，第二名小姐。"

他不用看就已经猜到了结果，只要有夏望在的地方，花梨永远都是第二名，这仿佛已经是定律。

花梨泄气地拨弄着包包上的流苏，"如果你愿意放水，我就不会永远是第二名了。"

"那可不行，我喜欢'一'这个数字。"

一同往教室走去，路上不断有人跟夏望打招呼，他都回以明朗的笑容。花梨安静地走在他身边，不时跟他说着什么，两人之间隔着半米距离，看似亲密却又疏远。

这么多年以来，他们一直隔着这样的距离，"第一名先生"和"第二名小姐"。

2

分班后，成员变动挺大，夏望众望所归地成了班长，为了联络同学感情，他组织今晚去东方广场唱KTV。

课间定好时间和包厢后，夏望在花梨右边坐下，就被后面的女生拿笔戳了戳背。

"你好，我叫朱婉然，你就是第一名的夏望？"

说这话的女生穿着洁白的连衣裙，皮肤白皙，面容姣好，是典型的古典美女。中考入学时被编排在三班的朱婉然，传说中的级花，没想到她顺利地挤进了一班。

夏望象征性地点头，他凑过来，掀开花梨手中英语课本的封面，"又是少女漫？"

花梨连忙收好漫画，拿课本封面伪装漫画是她的唯一乐趣，虽然经常被夏望调侃。

"刚才你没有举手报名呢，今晚没空吗？"

想了想，花梨摇头，"我还要去花店给妈妈帮忙呢，七夕快到了，生意繁忙。"

上课铃声响起，夏望不再追问，花梨心底忽然充满了失落。

和夏望同桌已经快十一年了，从幼儿园大班直到现在。记得幼儿园第一次见到夏望，他穿戴整齐地坐在座位上看着书，老师牵着怯生生的花梨，穿过或吵闹或做鬼脸的小朋友，对夏望说道：

"夏望小朋友，从今天开始，花梨小朋友就是你的同桌了哦。"

夏望抬头，他乌黑的眼珠那么漂亮，却没有映出花梨的模样。

"你好，同桌。"

这句话仿佛守恒定律，十一年来，他们一直都是同桌。也仅仅，是同桌。

放学后，花梨匆匆回家吃了中午饭，就赶去妈妈的花店帮忙。华殷中学是重点高中，学费不低，虽然申请了奖学金，以花梨家的经济状况还是难以负担。

花梨正在修剪玫瑰，夏望走进来，对花梨正在包花的妈妈说道："阿姨，我今晚可以给花梨请个假吗？"

花梨的妈妈认得夏望，到花店帮忙本是花梨的意愿，对夏望的邀请她似乎显得很开心。从小到大，唯一会来找花梨的，也就只有夏望了。

入秋后天黑得快，七点不到路灯已经全亮，夏望和花梨出现在包厢门口前时，立刻引来一阵起哄声。

"夏望和花梨其实是情侣吧？"

说这话的正是朱婉然，她穿着白裙，亭亭玉立如空谷幽兰，和穿着地摊上十块钱一件旧T恤的花梨相比，骄傲而美丽。

花梨立刻否定："怎么会呢？"

"既然花梨说不是，我就正式宣布开始追夏望了哦！"

朱婉然的话引来更大的起哄声，不知道谁喊了一句，大家一起跟着喊："在一起！在一起！"

打断起哄声的是夏望，他拿起麦克风："你们不唱的话，开场曲就由我拿下了。"

3

不知道是不是恶作剧，点歌的同学故意点了一首对唱情歌，《今天你要嫁给我》，朱婉然很自然地接过另一只麦克风。

唱到兴起，朱婉然在伴奏时间跟夏望表白，再度引发全场轰动。人群外的花梨起身，趁无人留意打开门走了出去。

她多么害怕，会听到夏望亲口说"好"，一个字就能否定她所有的等待。

关上门果然清净了很多，花梨站在走道上吹着冷风发抖，像被罚站的小学生。今天她特意穿了新买的裙子，秋风萧瑟，薄薄的裙子难以御寒。

门被拉开，花梨满怀期待地转身，看到的却是另外的陌生男生。

男生走过来，他很高，足足比花梨高一个头，"你也不喜欢那样的气氛？"

花梨扭头继续吹风，她现在满脑回荡的，都是朱婉然的声音。

"你不会也是喜欢夏望吧？"

"怎么可能？"

花梨被自己的声音吓了一跳，而夏望正好打开门，不知道是不是错觉，花梨感觉他忽然脸色一沉。

他拉住花梨往楼梯口走去："花梨，你过来一下。"

夏望只有在生气时才会叫她的全名，花梨不知所措地被他拉着，直到走出了东方广场，他才松开了手。

风很大，吹得花梨的长发乱糟糟的，她打了个哆嗦，"你怎么了？"

"如果我答应了朱婉然，你会怎么想？"

好像被人从百米高的天台推下，花梨伸手不断理着长发，试图逃避这个问题。

但是，夏望却不依不饶："花梨，你喜欢我对吗？"

聪明如夏望，不可能猜不透她的心思。她总是摆出若即若离的态度，站在离他最近的距离，冷眼看着那些对他趋之若鹜的女孩子们。

而她其实在害怕，害怕自己一旦表明自己的心意，就会被夏望疏远。

"嗯，我喜欢你。"

——那又怎样？你不会喜欢我啊。

她听见自己卑微进尘埃里的声音，还没等夏望说什么，花梨拔腿就跑，就像一个落跑的扒手。

4

那晚后，花梨很自然地疏远了夏望，她还没有厚脸皮到继续维持以前的关系。

夏望起初还会跟花梨说话，但是她总是故意找身后的同学岔开话题，渐渐地，夏望也放弃了主动找她沟通的机会。他们依旧是同桌，却成了最近的陌生人。

出乎意料的是，花梨和朱婉然成了好朋友。虽然那晚前后表白了两次，朱婉然依旧失败了，夏望很明确地说，你不是我喜欢的类型。

期末来临，一班元旦文艺会演申报了两个节目，最终审核通过的，是夏望改编的芭蕾舞话剧《吉赛尔》。重点高中不少学生家境富裕，例如朱婉然，自小就练习芭蕾钢琴之类，所以这节目难度不高。

节目演员表公布后，演吉赛尔的是朱婉然，演阿尔伯特伯爵的则是夏望，而花梨，则临时被安排演吉赛尔死后的墓碑。

"为什么我要演墓碑？"

课间，花梨忍不住扭头问道，这是KTV事件以来，她第一次主动跟夏望说话。

夏望正在跟旁边的男生讨论球赛，他回过头扫视一眼花梨，毫无恶意地说："因为你够平。"

这句话引起哄堂大笑，花梨咬牙切齿地拿起漫画准备砸他，扬起手的瞬间，她忽然发现，自己竟然不像以前那样忐忑了。

在默认自己失恋之后，她竟然可以真正坦然地站在夏望身边，这一发现还真讽刺。

正好学习委员去复印剧本回来，夏望把属于花梨的那份剧本递给她，花梨翻了几页。墓碑的戏份在第五幕，阿尔伯特伯爵在吉赛尔死后，去到亡灵森林吉赛尔墓碑前，他对着墓碑忏悔，最后还亲吻了墓碑。

花梨指着这一部分问道："夏望，原来你竟然有亲吻墓碑的嗜好。"

她想，她总算明白为什么夏望会拒绝所有跟他告白的女生，原来他不喜欢人。

"花梨，你……"

早就听说过"恋物癖"这个词，没想到夏望正是这种类型。花梨忽然觉得其实自己失恋也不是那么可悲，便安慰他："我会保密的。"

话音刚落，花梨便第一次看到了夏望脸红，正好上课铃响起，化解了这尴尬的局面。

5

排练安排在放学后进行，因为同时还要兼顾期末考试，花梨抱着像墓碑一般重的书在一旁看。

不知不觉间就到了圣诞节，虽然是学习气氛浓郁的重点高中，却还是有很多人互送巧克力。

周末和朱婉然逛街时，花梨说起夏望喜欢黑巧克力，朱婉然立刻去买了一大盒。圣诞节这天，课间不断有女生来送巧克力给夏望，他照例来者不拒。

"夏望，给你的巧克力。"

朱婉然的举动再没有人起哄，几乎全世界都知道，朱婉然喜欢夏望。而几乎全世界都不知道，花梨也喜欢夏望。

如果失恋，她宁可轰轰烈烈，而不是默默无闻，毕竟初恋只有一次。

夏望并没有拒绝，朱婉然送完巧克力顺便扫了一眼夏望的课桌，说了一句让花梨恨不得掘地三尺的话——

"花梨，你不是也给夏望买了一份吗？"

夏望立刻伸手去翻花梨的包，"在哪里？"

最终巧克力被夏望抢去，作为回礼，他随手在桌上抓了一盒给花梨，想起这盒巧克力在商场标价是自己那份的十倍，花梨欣然收下了。

然而，第二天下午举行元旦文艺会演，花梨因为吃了整整一盒巧克力高烧不起，墓碑那一幕只好临时删掉。

夏望来花梨家探望花梨时，她正叼着温度计烧得两眼昏花，对着空气背三角函数公式。花梨妈妈收好夏望带来的水果篮，夏望说是代表全班同学来探病，寒暄几句后便被引进花梨的房间。

"真抱歉，我起不来。"

花梨盖着臃肿的棉被，嘴里还叼着温度计，夏望刚上前一步，便被她喝住，"夏望你别靠近我，会传染的！"

要知道，刚刚在睡梦中听到夏望的声音，她一个激灵跳起来，生龙活虎地把房间乱七八糟的东西都塞进了被子里。即使知道夏望不会喜欢她，她也希望在他面前维持美好的形象。

夏望说着元旦文艺会演的有趣节目，他的声音低沉，刚吃了药的花梨很快进入梦乡。在梦里，她听到夏望说："花梨，如果我说我喜欢你，你会拒绝吗？"

这美好的梦境带来的幸福感还没持续多久，花梨在睡梦中被渴醒，起来喝水，赫然看见自己塞在棉被里的袜子、衣服、漫画、零食等杂物，都整整齐齐地摆放在床头柜上。

她尖叫，摇摇晃晃地问道："妈，田螺姑娘来过了吗？"

6

高二第一次期中考试后，花梨因为三角函数差没做好数学试卷，排名一下子掉到了第十一。十个一列的排名榜上，她的名字紧挨在夏望右边，而夏望下方她专属的位置，是朱婉然。

她想，三角形应该是世界上最讨厌的图形，因为它坚不可摧，她无论怎样都学不好。

座位一下子变得遥远，花梨和夏望的交集更是少之又少。

重阳节班上组织去爬北山公园，分组时花梨和朱婉然、夏望分在了同一组。北山公园什么都不多，就是放养的猴子多，平时游客总是乱给猴子投食，以至于它们总会出其不意地抢游客的东西。

在自由活动前，班主任已经说要注意猕狲，但朱婉然的拍立得还是很快被猴子抢走了。

"怎么办，那是爸爸送给我的生日礼物……"

花梨最受不得女生梨花带泪的样子，她挽起袖子，顺着旁边的番石榴树干往上爬，准备去抢回拍立得。可是那猴子见花梨笨拙地爬上来，立刻做个鬼脸，叽叽喳喳地把拍立得丢下逃窜。

"婉然，接住……"

话音未落，看着站在树下担忧地看着她的迷你版朱婉然，花梨才意识到自己爬了很高。高空的风吹来，花梨哆嗦着扶住树干，赫然发现离自己头顶不到二十厘米的地方，正盘踞着一条青竹蛇。

"花梨，你在干什么？"

去排队买饮料的夏望回来看到这一幕，他眼尖地发现了那条蠢蠢欲动的蛇，丢下饮料对瑟瑟发抖的花梨伸出手：

"跳下来，我接住你！"

腿一直发抖，花梨很清楚，从这个高度跳下去，夏望如果接住她，可能会断几根肋骨，搞不好两人会同归于尽。

她闭上眼，不敢看那不断逼近的蛇，"我不敢跳！"

朱婉然也伸出自己瘦弱的手臂，"花梨，快跳啊！"

花梨却只是紧闭着眼睛一动不动，这可不是在演泰坦尼克号，她怎么敢跳，怎么舍得让夏望受伤呢？

然而，树干剧烈地摇动起来，她睁开眼睛，赫然看见夏望爬了上来。

最后还是夏望赶走了蛇，两人才勉强从树上下来。

周一返校时，两人因为爬树而被记过处分。放学后，花梨故意拿着试卷磨蹭了很久，趁四周无人将那白纸撕下。

"你在干什么？"

这声音吓得花梨一哆嗦，等看清说话的人是夏望时，她才松了一口气。

"你不是要去花店帮忙吗？正好我要去给妈妈买花，一起去吧。"

走出几步，他示意花梨把那处分单给他看，有意无意地说了一句，"其实，能够这样让名字排在一起，也不算坏事。"

花梨的心因为这句话怦怦直跳。有时候，我们会因为一句话而欢呼雀跃，仅仅因为，你喜欢说这话的人。

151

7

高三来临，花梨全身心投入到学习里，第一次模拟考公布，她再次回到第二名的成绩。看着光荣榜上夏望的名字，她觉得，他们似乎更近了一点儿。

这次座位没有再按名次排，班主任让大家自由选择，花梨选择了和朱婉然坐在一起。

高考百日宣誓时，学校组织考生在横幅上写下自己要考的大学，挂在校门口直到毕业。花梨跟在夏望身后，按夏望的成绩，考取Q大完全不在话下，但Q大只有一个名额，花梨只能选择同是重点的B大。

正出神间，夏望把马克笔递给她，指着横幅说："花梨也是去B大的吧？"

接过笔，花梨看着夏望名字旁边的"B大"两个字，她俯身，一笔一画地在他名字下方写下名字。

百日倒数开始后，每天的生活几乎都是程序化。早上五点起来吃早餐，跑步半小时，背英语还有文言文。各种大小测试铺天盖地，忙得几乎连喘气的时间都没有，唯一的风景就是窗外树影婆娑。

花梨所在省份的英语口语考试会比高考提前三个月，英语口语公布成绩，她的口语满分，和夏望同样排在第一名。但是看到成绩单上自己排在夏望下面的名字，她忽然感慨，自己真是"命中犯二"。

高考终于来临，为了防止学生们弄丢准考证，班主任会替考生统一保管准考证到开考前。

拿完高考证，花梨去洗手间回来，正准备排队进考场，忽然发现笔袋里的准考证不见了。

头脑一片空白，她努力地告诉自己要镇定，正准备去找班主任商量，却发现夏望从队伍前头走来。

他们在同一考场，夏望一眼就洞察了问题所在，"准考证不见了吗？"

她去洗手间时里面并没有人，于是把笔袋放在台面就进了隔间。笔袋里面的笔一支没少，不可能只丢了重要的准考证。也就是说，有人趁着她进了隔间的空档，把准考证偷走了。

要紧关头，花梨实在想不出什么人要这么做，她……虽然做过很多缺德事，但也不至于到要被偷准考证的地步。

"你在这里等着我。"

说完这句话，夏望便往楼梯口方向跑去。直到开考前五分钟，夏望才满头是汗地跑回来，他手中，拿着花梨那过塑的准考证。

没有时间顾虑是谁拿的，两人在监考老师狐疑的眼神下，顺利踩点进场。

8

高考结束，没有硝烟的战场上到处都是随风飘零的试卷，欢呼声和哭声随处可闻，压抑已久的情绪仿佛要在此刻一并发泄出来。

一班的成员一起去庆祝，没想到三年后，真正留在一班的同学还有半数以上。

本城的酒店早在一个多月前就被订满，夏望家有花园而且很宽敞，庆祝会是在他家开的。

花梨这才发现，和夏望同桌十多年，她竟然没到过他家。想起那次发烧夏望替她收拾房间，她忽然对夏望的房间充满期待。

因为大部分住校的女同学都要打扮，夏望和几个男同学跟家里商量，安排了好几辆车等在校门口。花梨是走读生，夏望提议送她回家准备。

"不了，我还是去你家帮忙吧。"

她不敢说，她其实是想比别人更早到达他家里。

"这些事情钟点工会做好，人生可是只有一次高考聚会，以后大家在全国各地读书，未必能再次见面。"

花梨被他说服，乖乖打道回府换衣服，她其实早就为这天准备好了裙子。

回到家，夏望在客厅里跟花梨妈妈聊天，花梨去换裙子。裙子是上个月买的，没想到一个月时间就很紧了，幸好外面一层是蕾丝，盖住了她腰间的赘肉。

打开房门，夏望眼前一亮，看了花梨半天。

"夏望，你偶尔说句夸赞我的话会死吗？"

打闹着出了门，离夏望家只有十五分钟路程，花梨却觉得分外漫长。

"手给我，你穿不惯高跟鞋吧。"

夏望绅士地伸出手，触及他温暖的掌心，花梨觉得脚下的高跟鞋也没那么难受。

语文课本上她最喜欢的一句话，就是"执子之手，与子偕老"，看到这句话时，她脑海里第一时间浮现出的就是夏望的脸。而牵手是最近的距离，就在他旁边，所以她才固执地守着这段距离。

9

夏望家比想象中要大很多，还带有两个泳池，聚会在后花园举行。六月正是花开的季节，院子里的蔷薇花香扑鼻，宴席已经准备就绪，就等着落座。

吃得差不多了，聚在一起的同学分散到各处谈心，三年恩仇泯于一笑间。

"花梨，过来一下好吗？"

是朱婉然，她脸色发白，似乎不舒服。

走到泳池边，朱婉然踢掉鞋子坐下，把脚泡进了水里，她拍了拍旁边的空位。

"穿高跟鞋好累吧？放松一下。"

花梨依言坐下，看着对面花坛旁平时不苟言笑的A抱着B痛哭，还有平时老死不相往来却默契地说着什么的男女生，她实在无法相信，高中时代就这么结束了。

"你估过分了吧？"

花梨点头，泳池的水清凉，虽然考第一科语文前发生了惊悚事件，但是她整体发挥得不错，B大应该有望。

朱婉然才松了一口气，"对不起，我……"

"我知道，过去的事就算了吧。"

准考证是谁拿走的，其实花梨一清二楚，因为夏望去了楼下，而朱婉然的考场就在楼下。

不，即使夏望不去，她也清楚是朱婉然拿的。只是，发现准考证不见的那一刻，她偶然抬起头，对上了夏望的视线。

那一瞬，她竟很自然地流露出大难临头的表情，以至于夏望奔过来时，事情已不受控制。她一直在后怕，如果夏望迟到了会怎样。不，她其实是希望夏望迟到的吧，那样，复读的时候她又能在夏望身旁了。

困扰她的三角形，也就不再坚不可摧了吧。

"你真是个烂好人。"朱婉然苦笑着说，"我六岁就开始学芭蕾。教芭蕾的老师说，这是世界上最美的舞蹈，因为踮起脚尖旋舞的瞬间就好像能触及天堂。可是，就算触及天堂，我也无法触及他。"

花梨低下头，她不敢说，有那么一个人，哪怕是在最靠近他的距离，她也只能遥望。

她并不是什么好人，而是个处心积虑的小人。一直以来，她都是打着乖乖女的招牌站在夏望身边。小学时期她处处讨好班主任，只为了在每次座位调动时，能够申请和夏望同桌；初中时，夏望并没有去重点中学，她以帮做一个学期作业为代价，和夏望同桌的女孩子换了位置；而高中，她不顾家庭环境苦苦哀求妈妈让她到华殷中学上学，甚至打电话求已经再婚再无往来的爸爸帮忙……这么多年，她时刻处心积虑，只为了守住这"最近的距离"。

在夏望说穿她喜欢他后，她还是厚脸皮地留在他身边，欲擒故纵。果然，夏望真的关注起她，当她故意说夏望恋物癖时，如愿以偿地看到了他脸红的反应。

可是，越是这样做，她就越讨厌自己。

看着端着餐盘朝这边走来的夏望，花梨想，是时候该摊牌了。

朱婉然拎着鞋子离开，夏望走过来，把餐盘放在了地上。

"你最喜欢的橘子冻。"

接过橘子冻狼吞虎咽却食不知味，虽然已经下定了决心，花梨却还是无法说出口。

"慢点儿吃，厨房里还有很多。"夏望轻拍着她的后背，突然问道，"记不记得，小时候我曾问过你什么时候谈恋爱最好？"

胃里的橘瓣冻得花梨直打哆嗦，她摇头，原来她竟和夏望探讨过这个深刻的话题。

"你说，上大学谈恋爱最好，所以，我一直在等那天到来。"

夏望不知道，花梨为了守在离他最近的距离，做出了多大的努力；花梨也不会知道，夏望同样为了守住这段距离，一直处处费心。

仿佛回到高一那年，花梨因为吃太多巧克力而发烧，误听见夏望告白那天；又好像高二重阳秋游，夏望仰望着她张开双臂，说跳下来，我接住你那天；又好像高考前，他在最后五分钟气喘吁吁地捏紧准考证跑回来，紧张地推着她去到拿着金属探测仪的监考老师的面前……据说，人死前都会一幕幕回放生前的记忆片段，花梨听着夏望说出的话，觉得幸福得要死了。

"花梨，等高考放榜，我们可以谈恋爱吗？"

原来，他并非一直疏远她，而是很认真地按照她说过却早已忘记的话，一步一步按部就班地前进，而她却一直不知。

如果一个人，多年来循规蹈矩把你的话当成圣旨，只因为害怕被你讨厌，他不是喜欢你又是什么呢？

——不仅是我一直在最近的距离仰望你，你也在最近的距离，小心翼翼地守望着我。

你是我写过最美的情书

原味觉醒

1

一瓣、两瓣……十三瓣。

完蛋了，我真的喜欢上柳洛民了。

事情是这么开始的。

那天在机房上课，我玩着踩蘑菇，夏清远一脸鄙视，"什么年代了，还玩这个？神庙逃亡我们都不玩了。"

我探头看他的屏幕：测一测，你是真的喜欢他或她吗？我和夏清远都惊呆了，他支吾着进学校贴吧，就那么随便点了一下，我坏笑，"什么年代了，还玩暗恋，明恋我们都不玩了。"

明恋我们不玩了，是因为玩不起，你能想象老师眼里的凶光和家长常含的泪水吧。

测试上说，去花店随便选朵玫瑰，花瓣是单数的话，就是喜欢。

切，幼稚。

没想到，回家的路上，我竟幼稚地跑进花店选了一朵，老板娘不住地感叹，现在的女孩子都这么勇敢，哪像我们当年啊，多说句话都会脸红。

谁是柳洛民？

他是隔壁二班的班长，清瘦俊朗，每天顶着向日葵的笑脸，特别是有一个耐看的寸头发型。

爸爸一再告诫我，不要和陌生的男生讲话，就算对方好看得花枝乱颤。

妈妈把我拖到电脑旁，给我看了Cindy的萌照，看来妈妈太迷《爸爸去哪儿》了，妈妈一针见血，"Cindy成功迈进女汉子行列，但是她漂亮，所以还是会有很多人喜欢。"

"So？"

"你没有女汉子的脸蛋儿，还是做淑女吧，以后才有人追。"

爸爸不乐意了，"我说苏梅啊，别家大人都怕孩子摊上这事，你怎么还把优优往火坑里拽啊。"

妈妈拿出大当家的气势，"什么叫青春期，短暂的青春期就是用来喜欢异性的，这很正常。"

2

我靠在教室门口，摸着下巴打量夏清远，"OK，就你了。"

"顾优优，我最怕你这种表情了，感觉你已经把我卖了，正吐着口水数钱。"

夏清远，从初中开始和我就是同学，目测一米七的身高，在不上课、不考试的大前提下看，还真是一表人才。

星期六，我和夏清远约好，他要假扮我的男神，我要放长线钓大鱼。

那次柳洛民帮我搬练习本；作为考勤监督员，柳洛民掩护我撤退，免我迟到；路过我们班时，他那个有意无意的笑。

我懂，这些我都懂了，这绝不是偶然，这是赤裸裸的暗示。

我把"狩猎场地"选在距离学校五百米处的奶茶店，这是有根据的，我整整观察了一个月，柳洛民每周六都会去奶茶店对面的公交站，坐968路公交，过九站地，又坐回来。

真是一个文艺青年啊，喜欢坐在公交车上感受这座城市，体会不一样的气息。

"他是有病得治，难怪你每天放学跑得比兔子还快。"夏清远不淡定了。

我一瞥窗外，不好，目标出现。"夏清远，按计划进行。"

我狼奔到公交站，矜持地坐下，柳洛民走过来，夏清远也从奶茶店出来了。我笑着和柳洛民打招呼，夏清远痞子似的撞开他，走到我面前，"优优，我喜欢你很久了，接受我吧。"

我尴尬地起身要离开，却不慎摔倒，漫天飘散的玫瑰花瓣中，柳洛民伸手接住了我，"顾优优，其实有一句话我一直没机会说……"

我笑着点头，"我懂……哈哈……"

"顾优优，醒醒，口水流一地了。"

"什么？"

在我说"我喜欢你很久了"的时候，柳洛民已经踏上公交车走了。

于是，"狩猎"失败，我失恋了，而我的暗恋对象恋爱了。

原来，在柳洛民给我搬练习本之前，他已经每周六去坐968路公交车，上车下车，目送一个女孩儿离开。

我再次来到公交站，柳洛民正跟着女生上车，她轻轻地回头，一如水墨画般恬淡温婉。

算了，敌人太强悍，天涯何处无芳草，何必只在本校找。

3

我病恹恹地坐在饭桌旁吃饭，爸妈一看，不对，有情况！

妈妈柔声说："优优，是不是功课太累？"

我摇摇头。

妈妈一把抓过我，"好孩子，听妈说，有问题要及时沟通，大不了就分了，好好学习，考个好大学，那里男生质量更高。"

爸爸拉过我，"我说苏梅，我实在忍不了你的教育方法，你没看见隔壁王家，女儿跟班上的同学谈恋爱，又找老师又谈话的，还到处诉苦。"

"你懂什么，那是炫耀！女孩子要是在青春期没有人喜欢，只能证明两点：一，此女质量太差；二，此女人际关系糟糕透顶。"

我被爸爸掩护回房间，妈妈还在侃着，"当优优刚用尿不湿的时候，我已经做好了充足的准备迎接挑战。"

我和夏清远被请进办公室，意外发现爸妈们也在，而且桌上的茶都凉了，班主任关上门就是一个小时的狂轰滥炸。

我和夏清远在敌人据点不远的公交车站行动，周围多少本校学生的眼线，还有那句"我喜欢你很久了"，在这个绯闻迅速传播博取版面的时代，多么具有爆炸性啊，虽然不及明星结婚来得猛，但是已经迅速蹿红在学校各角落。

学校贴吧上还有一个置顶帖子，标题：高一（3）班顾优优和夏清远胜利"脱光"。

别说老师不与时俱进，没准班主任正披着马甲红眼看论坛呢，啊，这是多么痛的领悟！

从办公室出来，两位爸爸脸上一阵红，一阵绿，两位妈妈则意外获得友情，相约去逛街。

4

夏清远为了赔不是，请我吃自助，花了他两个月的零用钱。

我拿了满满一小桌菜品，夏清远品了一口清茶，我正鄙视这人太浪费钱了，喝茶回家去啊，他说："你真喜欢柳洛民，我帮你追。"

我差点儿被噎死，真是好哥们儿。

在家偷用爸爸的电脑，新的置顶帖子，标题：此女只应天上有，惊现柳洛民亲妹妹。一张妹子惊鸿一瞥的照片引得众人刷屏，此人正是968路公交女。

我把喜讯告诉夏清远，他白我一眼，递给我一张纸，"网络更新这么快，你的接收反射弧可以绕地球两圈。"

"哟，说，是敌是友，你是怎么把柳洛民日常作息、爱好等一系列八卦搜集到的。"

夏清远潇洒地甩甩头，"亦敌亦友。"

原来，那个女生叫柳洛诗，是个艺体生，学钢琴。

周日，我来到商业街。

远远的，我看见柳洛民向来往行人发放传单，我假装不经意地走过，对上他的眼眸，他眼里闪过一丝仓皇。

我坐在阶梯旁，柳洛民递过一瓶矿泉水，我接过来，问他："累吗？"

"还行，一下午的传单而已。"

"你好厉害，做兼职这件事我只想过，没有做过。"

"哦，我还以为你会看不起我。"

柳洛民声音轻轻的，还是传到了我的耳朵。

"柳洛民，你知道吗？向日葵，一直朝着向暖的方向伸展，它不惧阴霾，满满的都是阳光的味道。很像你，你做着我们正渴望做的事情，这些都是正能量。

"所以，下次有兼职叫上我，我也想帮爸妈做点儿事。"

跟着柳洛民做了几次兼职，说实话，挺累的。发传单只是太阳晒点儿，可是当服务员，有时还会遭白眼，我好几次要爆发，柳洛民总是第一个跑过来替我道歉，有点儿卑微，丝毫没有学校里的意气风发。

柳洛民递给我兼职的血汗钱，我一扫乌云密布，得意忘形地数钱。

他问："你愿意做这样的工作吗？"

我摇摇头，"我的未来应该是吹着冷气的白领，闲时喝喝咖啡，写写文字。"

"这也是我选择一直尝试不同兼职的原因，因为体会过赚钱的不易，才更能懂得想获得成功就得加倍努力。数学题做不出来时，想想别人给你的白眼嘲讽，就会有动力了。"

说得多好，明天我也要把这个思想灌输给看见选择题就选C的夏清远。

5

高二课程越来越紧，我和柳洛民暂停了兼职，专心上课。在学校遇见时，我们会心照不宣地相视一笑。

日子这样过也挺好的，不过，当一个女生狠狠扇了我一巴掌后，我才明白生活还是要有涟漪来点缀的。

我回过神，发现那个女生是柳洛诗，我泪奔，谁说此女温柔得只应天上有。

她拽着我，"离我哥远点儿，听到没？"

此刻，我这个女汉子竟成了软妹子，吓得直点头。

当夏清远把我从她的魔掌中拖出来时，我还记着柳洛诗颈上的蜘蛛文身，我拉着夏清远要逃，她有文身啊，有黑道背景我们惹不起。

夏清远一撩袖口，除了小细胳膊，还有不忍直视的体毛，好恶心，我差点儿尖叫。

"看重点。"夏清远拍我脑门。

哦，我看到了一条狼文身，妈呀，这年头不会都混黑道吧。

"这是假的，五块钱一贴，水一洗就掉，最近大家都玩这个。"

听了这话，我立马转头瞪向柳洛诗，小样，打我？

我刚伸手捏住她衣领，她哇的一声大哭，身后的脚步越来越快，

"洛诗，谁欺负你了？"

我中计了，明摆着嘛，肯定是我，她眼角漾起胜利的泪光。

夏清远说，"是她打了顾优优。"

柳洛民深深地看了我一眼，眼里有探寻，接着没给我任何解释的机会，就拉着她走了。

我看着他们消失不见，眼有酸涩，我小心地经营着这份算不上暧昧的友情，没想到这么易碎。

我接过夏清远的纸巾，抹了一把鼻涕，老子不高兴，要吃肉。

6

事后，柳洛民找到我，给我讲了一个故事。

小时候，他和柳洛诗生活在一个幸福普通的家庭。

柳洛诗从小就有音乐天赋，爸妈让她学了钢琴，弹钢琴很枯燥，一个指法要练习上千遍，可是她不厌其烦，因为爸妈看着她会骄傲地笑。

他经常和邻居孩子变着法玩，窗子上常贴着洛诗娇小的脸，有一次他要洛诗出来玩，洛诗咧着嘴，"哥哥，你去玩，我要练琴。只要我一弹琴，他们就会笑，你没发现爸妈经常吵架吗？"

女孩儿特有的细心使她发现了父母的破绽，她试图用钢琴来黏合。就这样到了初中，洛诗钢琴很出色，如果加强练习以后参加艺考，会有很大的发展空间。

可是，爸妈决定离婚，他们摊开白纸黑字的离婚协议书，大人们都用了几年的时间考虑，可是他和她必须在一秒钟接受宣判。她哭着求他们不要离婚，她想要一个完整的家，他们沉默着不说话，她去拽哥哥，"哥哥，你说说话，我太小，他们不听我的。"

他开口了，"你们分开吧，我知道你们不幸福。"

她哭得更厉害了，她没想到哥哥会这样说。

法院把她判给了妈妈，他则跟了爸爸，妈妈嫁了个有钱人，给她买了以前没有见过的东西。妈妈说："洛诗，你要乖，不要总给新爸爸脸色看，我们已经联系了一所私立学校，里面有专门指导钢琴的老师。"

原来妈妈一直在嫌弃爸爸不能赚大钱。洛诗以为自己拼命地练琴能让他们和好，没想到，她引以为傲的钢琴才是导火线。

洛诗最后没有跟着妈妈一起生活，她在一所寄宿学校上学，周六会去上钢琴专业课。

"她还是怪我的，很少联系我，我怕她一个女生去上课有危险，就跟着她，看她上学放学。

"那天，妈妈跑到家里找洛诗，我才急忙拉她回去的。

"对不起，我替她道歉。"

我理解柳洛诗的害怕，她的世界因为亲人的分离而变得虚幻，她伸手却抓不住，她怕哥哥喜欢上其他人后，自己的分量会越来越轻，所以她才示威。

7

周六，我跟着柳洛诗上了968路公交车，当然不是为了报复，而是柳洛民拜托的，他说有急事。

柳洛诗果真不是一般人，我在角落里听她弹琴，轻轻浅浅的余韵，似清酒，不浓烈却唇齿留香。

"柳洛诗，下星期的市剧院会演，演出服装准备好没？这次很正式，有人来选苗子，希望你好好准备。"老师欣慰地说。

我跟着柳洛诗，乱了阵脚，因为她临时改了路线，绕着市区坐了三趟车，苍天啊，地球人都知道我晕车。

我终于忍不住下了车，蹲在一旁狂吐，有人递来一瓶水，我接过大口大口地漱口。

"跟我斗，你太老了。"是柳洛诗，95后真是逆天的节奏。

我跟着她逛了一家又一家服装店，她冰激凌咬一口就扔给我，我就是一丫鬟，五大三粗。

她终于累了，不顾形象地坐在马路旁，我想女神都没形象了，我也坐了下来，因为我本来就没形象。

她伸手指向对面的那家店，"我每次累了就会坐在这儿看那个橱窗。"我闻言望过去，太邪恶了，那个塑料模特一件衣服都没穿。

柳洛诗没有理睬我的思想走空，"对啊，已经没了，昨天那里还有件限量版的旗袍，我跟他说过，我想要穿那件衣服去参加会演。

"我是不是很幼稚，妈妈给我的存折里有很多钱的，可我要哥哥给我买，我明知道他买不起那件衣服的，我想要的他们都给不起。"

她想要的是，不要让现在预支了未来。

我推推柳洛诗，"看那边。"

服装店里走出一个温润少年，手里提着精美礼盒，原来这就是柳洛民的急事。

趁柳洛诗失神的那刻，我退开几米，紧急拨通了夏清远的电话。

我走到她面前，"想知道你哥是怎么把那件衣服买下来的吗？跟姐走。"

8

我照着夏清远发来的地址，和柳洛诗来到一个工地上，北风那个吹，昏黄的灯一摇一晃，十几个民工正在搬废砖。

有个略显单薄的人正低着头捡砖，因为都是废弃的砖头，锋利的砖角划破了他的指尖，淡淡血迹，柳洛诗倏地把头埋向膝盖，肩膀不停地抖动。

我捅捅她，"你不是想知道他是怎么赚的钱吗，你去看啊，你要知道，你心里有疤痕，他就未必没有痛过。大人想要分开那是深思熟虑过的，不然怎么会隐忍那么久，他们在等你们长大，等心变强。"

几天后的会演上，亲人们都来为她加油，独具东方韵味的旗袍，套在柳洛诗本就纤细的身上，和西方的古典钢琴融为一体，她眼里绽放的光芒更是俘获了评委们的芳心。

9

我和夏清远并肩走在路上，天上的星星袭了一层光亮，夜静谧得让人想说悄悄话。

"夏清远，其实，我的爸妈是我的养父母，我初一时偷听他们讲话知道的，他们想把这个秘密带进棺材，你知道吗？我哭了整整一个晚上，半夜妈妈跑过来给我盖被子，我怕她听见我的抽泣声，憋了好久的气，脸都红了。

"第二天，他们还是照常和我打打闹闹，我也假装不知道，日子就这么一天天过来了。我们过得很好，他们以自己的方式保护我，不让我受伤，我也以自己的方式回馈他们，我不会觉得愧疚、卑微，因为从他们抱我的第一天开始，他们就是给了我生命的人。

"喂，这么悲惨的故事，你一点儿反应都没有，很冷血呀。"

夜太黑，我看不清他的脸，但我知道一定是很温情的。

"你还记得一个叫远山的博友吗？"

"前天还和他私信呢，你怎么知道？"

"初二的时候，我上电脑课无意间在同城加了个好友，本来我对那些文字无感的，但是我却细细阅读了她的所有博文。她说她是孤儿，但她不会觉得太难过，她分享生活中的点点滴滴，快乐、悲伤，她用心感受生命的每一个节奏。

"我常想那样一个用文字书写生命的女孩儿是什么模样的，清秀、腼腆，还是张扬。有次看见你的ID，我才知道，原来文字间偶尔露出小感伤的她，是在班上有点儿疯疯癫癫的顾优优。"

其实我喜欢的人是夏清远，那天我看见那个玫瑰花的测试，并没有陷进什么单数双数中，而是旁边一段文字吸引了我，"花一分钟的时间测试虚幻，不如用一个值得信赖的时间去感受现实，喜欢你的人会无条件帮你，做你想做的事……末尾你问他，你喜欢我吗？如果他说不是，那么恭喜你，他已经爱上你了。"

我把这个链接发给了远山博友，这个神秘的人总是给我鼓励，我常常和他天南地北地谈天，我说我想试试。他就是个榆木疙瘩，怎么知道他喜不喜欢我？远山给我出主意，你就用这个玫瑰花测试做诱饵，虚化一个喜欢的人，看看他有什么反应……

剩下的谈话内容我就不用说了，大家都明白了，夏清远这个老奸巨猾的人啊。

其实那个网页是夏清远故意打开的，目的就是为了守株待兔，不过多谢那些年我们追过的炮灰们（此刻，柳氏兄妹打了个喷嚏）。

那些年我们追过的男孩儿。

每个人的生命中都会有一个柳洛民的背影，他会是这份青涩青春期的一个回顾。也会有个夏清远的存在，他在你身后，看你哭看你笑，当你回首往事，才发现在那些过往中，他从未缺席。

"夏清远，既然我的青春，你未缺席，那么未来我邀你一起前行。"

夏清远傻傻地笑，"我不会永远选C了，我会为未来的人生，做一道正确的选择题。"

我回到家，爸爸正在给妈妈揪一根白头发。

我漾起暖暖的笑，"爸爸，我是你的什么？"

爸爸看着妈妈，"你呀，你是我写过最美的情书。"

在最近的距离遥望你

每逢春一至

云一宁

"像一个轻闲的梦，拂开珠纱的是三月春风。丝丝络玉，落柳垂虹，金蕊款款，幽香弥匆。"

"天蓝得纯粹又平淡，亘古不变，俯瞰人间。碎发迷住睫毛，又被指尖摘下。微笑被唇角平均，乌金发丝逃向绒云。"

我将手插在兜里，双耳塞入了耳机，身边车辆突突地喷出尾气，川流不息。春天又来了，我在恍惚间微叹，心中多愁善感的泉眼咕嘟咕嘟翻涌出以上"珍珠"，美丽精致却是易碎物，就像我冒汗的手心里攥着的青春，拖着长长的玉穗，林妹妹的玉手一掰，便碎成一地桃瓣。

三天，四天，七八天；一年，一年，又一年。我自嘲般扬起嘴角，扯出一副玩世不恭的模样。记忆里的春天总是绿油油的，眼前眼后全是树。绿得咬牙切齿，我就是不开花，你能把我怎样？唉，不能怎样，我只能垂头丧气地拉过伙伴的手，在树间微亮的空隙里，沉闷地发呆。目光游离，空气微凉。偶尔某种粉红或粉蓝的亮点遽然一闪，宛若星辰璀璨，整个视野霎时流彩熠熠。于是我双眸发亮，拖着同伴急急忙忙夺路而去，仿佛发现了水晶魔法石。

院子里的花中最常见的是一种小小如豆瓣的野花，熙熙攘攘开遍旮旯。它优雅无比，极其灵气的淡蓝，仿佛轻轻一吹，便会如蓝烟般袅袅散去，只留下娴静剔透的莹白。而事实也基本如此，每逢我轻轻一触上它，松软的花瓣便挣脱了毛茸茸的花托，微笑着飘落了。风一来，花瓣儿跳着舞一般，又跌跌撞撞轻轻盈盈地飘开了。唯余我的手不尴不尬地晾在凉风中。

还有那棵形单影只倒也初具规模的银杏树，春风绿了一茬又一茬的时候，它便如约亮起无数盏绿莹莹亮晶晶的小灯。小灯密密地贴在光秃秃的树干上，柔弱哀婉却又似一簇簇清亮的小火苗，随风簌簌地抖动。

年年如此，岁岁相似。所以晏殊一曲新词唱旧愁："无可奈何花落去，似曾相识燕归来。"而我一直怀疑：那些悄悄萌发生长的植物有没有一个死亡的年限？我又想到在那五彩斑斓的原始丛林里有一种红松，当它"成年"后，就会成为"距天空最近"的树。然而当它强盛到拥有虬劲盘曲的巨大根系，将要危及周围子孙的生命时，它便会"阖上双目"静静枯萎。然而还有那些"素颜白发"的树，将时间和空间蜿蜒成一种温暖而安详的姿势，如水银般扎根于土壤，默默吐花抽枝。我甚至还在苦苦思索：为什么"我"的意识会有如此真实的存在？当我来了又去了，我的意识是会如那寥落的野花纷纷扬扬地消逝，一去不复返，还是会如一枚无色之果被悄悄植入下一个心灵，重获新生，正如那株安详的银杏？若我走完一生，在意识涣散之时，眼皮合拢之际，我会有什么样的感觉？庄子一生死，无拘无碍，佛家说轮回，前世今生。可见这种问题已困扰了人类一代又一代，从第一个"人"意识觉醒时，它就茫然又真实地存在。存在啊，一代又一代！

我想，死人没法睁开眼睛倾诉感受，而从鬼门关前转悠了一圈归来的人会微笑着轻轻推开这个问题，以植物的姿态顽强地生活下去。毕竟不是人人都能那么幸运，所以每个人的感悟也都境界不同，层次不一。巴甫洛夫要与世长辞的时候，他便抓紧时间，争分夺秒记录死亡逼近的感受。每逢客人敲门，他便唱歌一样一遍又一遍答道："巴甫洛夫很忙，巴甫洛夫正在死亡。"正是上小学时读到这则故事，我眼睛明亮，并以一种快活的声调，一遍又一遍诵读："巴甫洛夫很忙，巴甫洛夫正在死亡！"这句话蕴含的严肃与从容，以及别的一点儿悲怆怅然，还有其他色彩的感情，我竟一点也没觉察，只是单纯爱恋着那种声调圆润的汉字从舌尖一个一个跳舞滚落的快感。

2001年的春天，空气中有湿润的清香，而路边梧桐树上的新叶新鲜得简直要冒水气，生命正在温和中酝酿。我那枚小小的心沉浸其中，只为生命的蓬勃荣华而鼓舞，而欢畅。

然而还有一些人卷起叛逆的嘴唇，"出离愤怒"地咆哮："春天，残忍！"为何？"你死我活，万类竞争！"我轻轻合上书，封面上的老子拱手而立，目光澄静，安详恍如遗世独立。恬淡的面容，似乎正轻轻吐出真言，又好像没有。竞争，自然之理也，春天无罪。

人生来来往往、沉沉浮浮，在重叠又延续的时间和空间中踩出一个个音符，或急或缓，或高或低。千载万世，流传至今的人生之章少之又少。茫茫众生，沧海桑田，你我只不过是小小蝼蚁，站在敦厚的土地上仰望圣人名流。然而即使别人不在意，至少自己要在乎这脚底的生命之符，更何况你往往难以独舞。无论这个宇宙为何存在，无论这个天地之外是否另有乾坤，无论草木枯荣生老病死，最终你已在这方土地上拥有了一次人生，那么就该负责地走下去，踩开自己的轨道。很多时候，你的人生早已被共享。与你息息相关的生命体和你一齐托住了世界，无论这世界是大如宇宙，还是小如卵球。

人生中有很多个四季，有无数个瞬间。执笔之手可以渲染金黄，也可凝笔浅碧，可以漫散天蓝，也可点缀褐泥。而春天一直停歇在生命中，任其涂抹，逝而不消，静待逍遥。

手心里的青春和春天住在一起，思想作垂帘。

每逢春一至，青鸟御风来。